訂正とお詫び

文中、氏名等に誤りがありました。
謹んで訂正とお詫び申しあげます。

59頁　14行目　誤、鳥居信治郎 → 正、鳥井信治郎

60頁　6行目　誤、鳥居信治郎 → 正、鳥井信治郎

106頁　1行目　誤、駐日エクアドル大使ブッチェリ領事
→ 正、駐日エクアドル大使館ブッチェリ領事

192頁　1行目　誤、ロバート・マックチアベイヨ
→ 正、ロベルト・マックチアベイヨ

波濤を越えて

堀江謙一をめぐる半世紀

THE FIRST MAN IN HISTORY

土田憲 *Dota Ken*

言視舎

序にかえて

ドタ・アラコンビに始まった私の電通人生。天才アラーキーに凡才ドタはついていけず天分と思っていた写真もすてTVCMの世界へ。そこは私の場合、4コマ漫画の世界であった。あくまでも商品コンセプトが云々、ターゲット云々、共感云々を考えたうえの話であったが、私なりの企画力を磨きPRの世界へ転身していった。

4代目社長の吉田秀雄は社員が出張してとんぼ返りをすると叱り飛ばしたという。必ず余計に泊まって街をつぶさに観察して来いと、一日余計に出張費を出し、「仕事は自ら創るべきで、人から与えられるべきでない」と。

「モーレツからビューティフルへ」「さらば大衆」のPR局長藤岡和賀夫は「自分の好きなことをやれ」と私に言った。

私は先人の教えを自分の都合のいいように解釈し実践していった。

「ローマは一日にして成らず、事一人で成らず」のように不器用な私には40年近くの時間が必要であった。そして多くの人々に助けられてきた。また、好きなことをせよと言われても仕事は与えられるほうが楽であった。ルーティンワークの中で、意識して自分の好きなことを求め、自分で仕事を見つけていった。与えられた仕事でも仕事は楽しくなければならなかった。結果、どんな仕事でも楽しかった。難しい仕事であればあるほど楽しさは大きかった。

運命の出会いだった。1992年、私は朝日新聞社主催の「海星号の航海」のイベント実施のためハワイ・ホノルルにあった。同じサントリーの協賛の航海であったため、ヨットクラブで「ペダル・ボートの航海」の準備にあわただしい堀江謙一氏に出会った。

何気なしに彼から私に申し出があった。次の航海をサポートして欲しいと。まさか実現するとは思っていなかったが、やりましょうと返事が出た。

彼の「ペタル・ボートの航海」も成功し、次の堀江謙一氏の航海をサントリー佐治社長（当時副社長）がスポンサーとして全面的に支援をすることになった。佐治社長から電通に協力の要請があったのは1993年の春のことで、「海星号の航海」の担当者であった私へ担当としての指名があった。

「アメリカズ・カップ」、「海星号の航海」と海に関するプロジェクトを成功させたことに評価をいただいたものと、快く引受けさせていただいた。

「やってみなはれ」と航海、航海また航海と、「ウェーブパワー・ボートの航海」まで5度の航海、20年にも及ぶ堀江謙一氏との付き合いになった。その間、ジョージ・クリストファー・サンフランシスコ元市長から堀江青年に「市の鍵」を贈った時の秘話を聞き、それ以来、1962年の堀江青年の『太平洋ひとりぼっち』が日本国民に与えた衝撃は何だったのだろうと、疑問が喉元に刺さった小骨のように私の頭から離れなかった。

1962年、堀江氏が太平洋を小さなヨットでしかも単独で渡ったことは、世界で初めての快挙であったが、それ以上に日本の歴史上の快挙であったと思う。『太平洋ひとりぼっち』は日本の若者に夢、希望を与え、結果日本の若者が世界に羽ばたくきっかけを与えてくれたのであった。

そうでなければあの時、我々日本国民が大きな一撃を食らった、あの激震とも思える衝撃はなかっただろう。我々はもう一度歴史的視点から堀江青年の『太平洋ひとりぼっち』を再評価すべきではないかと思った。そう、あの衝撃は200年いや300年以上も続いた鎖国の呪縛から日本国民が本当の意味において解放された瞬間だったのだと思う。全国津々浦々の若者が「何だ、アメリカなんか行けるではないか」と思えるようになった瞬間でもあった。日本国民が何か重い荷物をおろした瞬間でもあった。それまではアメリカに小舟で渡ることは不可能であった。我々はアメリカへ行こうという発想すら微塵も持っていなかった。アメリカは月ほど遠かったのである。

海上保安官が3カ月行方不明の息子の安否を心配した母親に「彼は完全に遭難して死んでいる」と、プロの自分が言うのだから間違いないと言いきったほど海は怖い自然の壁だった。それは自分の意志で遠い外国アメリカなんかには行けないことを意味していたが、その翌日、堀江青年はサンフランシスコ・ゴールデン・ゲート・ブリッジに到着した。この保安官は天地が引っ繰り返る思いをしたにちがいない。この事実は強い意志さえあれば海外に行けることを我々日本人の前にものの見事に証明してくれたのであった。そして密出国をして法を破った者が英雄になったのである。吉田松陰が密航（1854年）に失敗してから100余年を経てやっと時代は大きく変化していった。

『太平洋ひとりぼっち』の航海、あの激震ともいえる衝撃をまともに食らい、その直後、海外渡航が自由化されたその日に、夢と希望を抱いて社会人になった自分が、数十年後に縁あって堀江謙一氏の航海人生のあるひと時をPRマンとして支えることになった。それは単なる偶然の出会いであったが、私の人生に終生あの衝撃が影のように付き纏い、海に縁もゆかりもない私を「アメリカズ・カップ」「海星号の航海」、そして「堀江謙一氏の航海」へと導いてくれたのだと思う。そう、堀江青年を称えたクリストファー市長の思いや堀江青年のアルバイト先の上司の何気ないひと言がめぐりめぐって私を含め多くの当時の若者に影響を与えてくれることになったのである。

その市長が贈った「市の鍵」に纏わる秘話、そして歴史家でない私にその資格があるかどうか判らないが、私の堀江青年の『太平洋ひとりぼっち』に対する再評価の思いを歴史の一頁の片隅に残したく、そのわくわくした1960年代を含め、電通人生後半にプロデューサーとして携わることになった堀江謙一氏の5回の航海を中心に海に関する仕事の数々のエピソードを綴ってみた。

なお、登場する人物の肩書きは当時のもの、敬称を一部省略したところがある。

目　次

第1章

MALT'S マーメイドⅡ号の航海

▼明石海峡大橋

今から13年前1999年、ソロセーラー堀江謙一は3年ぶりに8回目の航海に挑戦していた。

全長10メートル、全幅5・3メートル、総排水量5トンのカタマラン（双胴型）のヨット「MALT'S マーメイドⅡ号」でサンフランシスコから明石海峡大橋まで、無寄港ではなかったが太平洋単独横断の航海であった。

船体はビールの樽（ステンレススチール）528個を溶接して造り、セール、デッキ、キャビン、トランポリンは全てペットボトルのリサイクル素材で造られていた。

明石海峡大橋の上空には12〜13社のマスコミヘリが橋に衝突するのではないかと思えるほど低く舞っていた。

私は航海の資金を全面的に支援するサントリーをクライアントに持つ広告代理店電通のPRプロデューサー。「MALT'S マーメイドⅡ号の航海」のプロジェクト・プロデューサーとして、航海の管理、広報の全てを託されていた。

風任せの帆走で予定の立たないゴールのため1週間前からマスコミ各社からの問い合わせの電話、電話の毎日、今まで経験したことのない時間を過ごした。

それは恐怖の時間と言ってもよかった。

初めのうちは心地よい気分を覚えた。携帯電話のベルが頻繁に鳴る、それは喜びでもあった。

だが、時間と共にベルの音は恐怖に変わっていった。ベルが鳴るたびにドキッと心臓に響いた。

ゴール当日朝、私は帰港イベントの陣頭指揮のためエスコート艇、艇というほどでもなく交通船と呼ばれている小船で大阪湾の海上にいた。

淡路島の観音像沖10マイルのあたりで、ホノルル以来70日振りに堀江謙一の「MALT'S マーメイドII号」を捉えたが、この時ほど再会を喜びあったこともなかった。

彼は連日連夜の健闘で疲労は限界の域にあった。だがやり遂げたあとの満足感に満たされていた。

「まいりましたよ」照れくさそうな笑顔からその満足感はよみとれた。

「よかった！」「よかった！」互いに交わす言葉には生死を彷徨《さまよ》い奇跡的に生還した戦友との再会を喜んでいるようであったが、それは私達二人にしかわからなかった。

再会の喜びも束の間、その直後から私の携帯電話はゴールモードに突入、その後、切れることを知らなかった。

その時、「ドタさん！　本船航路に入ったのですか！　何時までいるのですか？」携帯電話の向こうで海上保安官がけたたましく叫んでいた。

「15分いや30分！　30分！」私は興奮状態の極みにあった。

▼呪縛

明石海峡大橋、真夏の午後、時計の針が1時30分をまわろうとしていた。太陽は真上より少し西に傾きかけ、ありったけの持てる力をふりしぼりギラギラと容赦なく海峡を照りつけていた。その灼けつくような日差しは海峡の水分を全て蒸発させるほどの勢いであった。そして海水から蒸発した湿度100％近い暑い空気は蒸し風呂のようで、人々のやる気を萎えさせ、その活動を停止させようとしていた。

エスコート艇のバウ（舳先）から、私はゴールの大橋の方向を見つづけていた。

そこには太陽の反射をうけキラキラと輝く海に陽炎が全てのものの輪郭をぼかし、コントラストのないグレーで描かれたパステル画の世界が広がっていた。

「MALT'S マーメイドⅡ号」が今にもその世界に溶け込もうとしていた。

その時、私はある呪縛から抜け出すことができなかった。

それは堀江謙一がサンフランシスコを出航したときから私を捉えつづけて離さなかったもので、私は取材陣が最高の画を撮れるようにゴールのタイミングを一点に決めていた。狙った獲物に照準をあわせるハンターのように、用意周到に確実に狙いを定めていた。

普段の私なら目の前にある風景が画にならないぐらいのことは即座に見抜けたが、前航海のゴールの体験が私をがんじがらめにしていた。

その呪縛から指令を受け、それを成し遂げるため、私は自分の持てる全エネルギーを注ごうとしていた。

3年前、「MALT'S マーメイド号」が東京湾レインボー・ブリッジにゴールした時と同じように、明石海峡大橋に向かってゴールする「MALT'S マーメイドⅡ号」の画が私の頭を占拠していた。

私はこれこそ航海のフィナーレと決め、新聞やテレビのニュースの画をしっかりとイメージしていた。

7月と8月の月の違いこそあれ、あの時のゴールもほとんど同じ時間であったが、レインボー・ブリッジに向かって西側からのゴールであったことをすっかり忘れていた。

今、「MALT'S マーメイドⅡ号」は潮の流れに乗ってあの時の逆、東から西にむかって大橋にゴールしようとしていた。

あと30分後には、想像を絶するマスコミの取材が用意されていた。

紀伊水道を抜けた「MALT'S マーメイドⅡ号」は友ケ島を真夜中に通過し待望の大阪湾に入った。少しうとうとした堀江謙一は航海最後の朝を迎えていた。午後には全てが終わっているはずだったが、今日一日のことを思うと堀江謙一の興奮は高まるばかりだった。

暑い日差しが戻ろうとしていた朝だった。海面から昇る朱色の大きな太陽がそのことを暗示していたが、またそれは良風が期待できないことを意味していた。淡路島世界平和観音像沖でエスコート艇が「ＭＡＬＴ'Ｓマーメイド II 号」を捉えた時、鏡とはいえないまでも凪いだ海面に「ＭＡＬＴ'Ｓマーメイド II 号」は漂っていた。目と鼻の先に大橋は見えていたが、風がほとんどなくなっていた。時速１・５マイルとしてゴールまであと６時間はかかりそうであった。

天気も安定し、夏の高気圧がどっかりと日本列島に腰を据えていたため、堀江謙一の「ＭＡＬＴ'Ｓマーメイド II 号」は何時《いつ》でもゴールできる状態にあった。天候が安定している以上ここまで来ればゴールしたも同然でそれが明日になろうが、たとえ明後日になったとしても、誰の目にも彼はもう安心してゴールすることができると思えた。だが、堀江謙一のゴールにはいつも多くのマスコミが待っていた。そのため、いつでもゴールというわけにはいかなかった。

そのうえ風次第の船であったため、ゴールする日時を決めることは大変困難を極め、最後の最後まで決定は出せなかった。テレビのニュースの時間、新聞の入稿時間そして潮の流れの時間を計算しながら堀江謙一と私は二人でゴールの時間を決めていった。マスコミ側もその案内によって記者のやりくり、ヘリの手配、そして紙面の面取り等いろいろと事情があるわけで、私はここまで来てマスコミに迷惑はかけられない思いだった。マスコミにしてもゴールが決まらないことにはニュースの枠取り、紙面の面取りができず大変やきもきさせられるマスコミ泣かせのゴールだった。

我々にはもう一つ大きな問題があった。

明石海峡大橋のゴールには、潮の流れに乗らないことにはゴールができない。今回のチャンスを逃すと次のゴールは12時間遅れの真夜中のゴールになってしまう。真夜中のゴールでは取材は不可能、翌朝のゴールが次のチャンスとなる。そうなれば取材艇の用意が難しい。帰港式の準備もすべてやり直しになる。

我々は、何としても午後2時の潮に乗せてゴールさせなければならなかった。

案の定、風が一段と落ちてきた。

そのためこの時点で航海は成功と断を下し、私は海のプロ、巡視艇の艦長に意見を求めた。

もちろん、ここまで航海して来た堀江謙一に対し艦長は敬意を払うことがあっても異論を唱えることはなかった。

あと数マイル、最後の最後、曳航《えいこう》してのゴールは望みたくなかった。しかし、昨日までの紀伊水道での緊張を乗り越え、大阪湾に入ってすでに彼の気力も限界に達していた。それ以上に愛艇の状態を考えると一刻も早いゴールを望んだ。

明石大橋を目の前にして明日のゴールというわけにはいかなかった。

正確には午前10時40分、北緯34度29分79秒、東経１３５度49分69秒をもって航海を成功とした。

私はマスコミ各社にその旨を告げてゴールのタイミングを計算した位置まで「ＭＡＬＴ'Ｓ マーメイドⅡ号」を曳航することにした。マスコミ各社からのクレームはなかった。

時間調整の可能なゴールとなったため我々には充分余裕ができた。最後の最後まで気を抜くことはなかったが、時として余裕は危険な罠に陥ることがあった。我々は嵐の前の静けさの中にあったのだろうか、落ち着いたひとときを過ごしていた。何の疑いもなく。

その時、凪《な》いだ海は密かに、誰に気づかれることもなく次なる活動を始めようとしていた。私の時計の秒針よりも寸分の誤差もなく規則正しくその活動は始まっていた。何の前触れもなく音もなく海峡の潮が流れ始めたのである。

その流れが「MALT'S マーメイドⅡ号」の針路と同じ方向であったため、我々は潮が流れ始めたことに気が付かなかった。そして我々の余裕をあざ笑うかのように潮の流れはその速度をどんどんと増していった。

気がついた時には海峡は滔々《とうとう》たる大河になっていた。それは大阪湾の全ての水を瀬戸内海のほうへ一気に移そうとしているように見えた。

その時、私には「MALT'S マーメイドⅡ号」がいくぶん橋に近づきすぎているように思えたが、ゴールへのタイミング、曳航船からロープを放つタイミングを堀江謙一の判断に委ねていたため、彼の判断を信じて疑うことはなかった。

OK! さあ行こう! ロープは放たれ、フィニッシュに向け気合がはいった。

▼頭のなかは真っ白に

私との打ち合わせ通り、堀江謙一は潮の流れをタッキングでコントロールして2時30分に舞子《まいこ》側の橋の袂《たもと》にゴールするはずだった。だが、明石海峡大橋の潮の流れは速く、橋は見る見るうちに近づいて来た。速すぎるぞ、速すぎるぞ。

西北西3ノット、この時刻、潮の流れは岡山方向に向かう。速い、速い、あっという間の出来事だった。

この時、「MALT'S マーメイドⅡ号」では何か異変が起こっていた。舵が効かない！　この期に及んで何ということか、その時、彼はどうすることもできなかった。なす術がなかった。

エスコート艇にいた私には何が起きたのかわからなかった。ここまで来て彼は一体全体どうしたのだろう。

唖然とする私を置き去りにして、私の指示を無視するように「MALT'S マーメイドⅡ号」は小型船が入ってはいけない本船航路に一直線に入ってしまった。

本船航路の航行は海上保安庁から厳重に禁止されていた。タッキングもなく潮の流れに乗ってゴールへまっしぐら、ラストスパートの態勢に入ったようだった。そして取材陣が待つ予定の午後2時30分より28分も早く大橋を通過（ゴール）してしまったのだった。

何てことだ！　取材艇も取材のヘリも間に合わない。万事休す！　私はあせりにあせったがどうすることもできなかった。

マラソンにしても短距離にしても、ゴールの写真がなくてはニュースのフロントページは飾れない。

何のために私は全精力をつぎ込んで今日のためにやってきたのだろうか?

企画立案からこのゴールまで、堀江謙一と共に3年もの時間を費やしていた。

今がフィナーレだというのにこれまでの苦労は何だったのだろう?

この時を待ち望んだ取材陣や航海を支援した多くの人々の期待を裏切ることにもなった。

広報の責任者として私にはこの瞬間のために全てがあったではないか。

その全てが明石の海底に藻屑としてまさに沈もうとしていた。いやもう沈んでしまったと言ったほうがよかった。

最後の最後にきて、世紀の大失敗?

マスコミ取材で画のないゴール。私にとってこれ以上の失敗はなかった。

こんなことが起こるなんて、神は私を見放されたのか? 頭のなかの回路はもつれにもつれ、解《ほど》けることはなかった。何とか、何とかとあせるばかりでその縺《もつ》れた糸は限界に達するとプツンと切れてしまった。

頭のなかは真っ白になった。

その瞬間、思いがけないことが……。

橋を境にして陰から陽に出た世界は私にとって天国と思えるほど眩しかった。

先程までの陽炎《かげろう》のモノトーンの世界にかわって、太陽が鋭角的な光線を降り注ぎコントラストのある陰影のはっきりした世界が広がっていた。我々は陽炎の世界から脱出し、陽炎の外の世界に入りこんでいた。

橋のほうへ何気なく視線をむけた。私の位置から大橋を見る方向が変わっていた。

視線の先に太陽の反射をうけた真っ白なセールが目に飛び込んできた。サンフランシスコの紺碧の空に映えた『ＭＡＬＴ'Ｓ』の文字が……。

その瞬間、私を今まで虜にしていたあの呪縛から一瞬のうちに解放されていた。

それは真夏の太陽が氷の塊を溶かす速さよりも、もっと、もっと速く、電子レンジの解凍よりも、もっと速かった。

クリック、クリック、パソコンの真新しい画面が一瞬のうちに変わるようにといったほうがよかった。

ゴールの先は取材陣にとって最高の条件、最高の画が待ちかまえていた。

橋のほうをふりむくと太陽は逆光から１８０度、順光になっていた。ゴールの取材はこれからだ！

「イケル！　イケルぞ！　これはイケル！」私には地獄のどん底から生還できる望みが一気に溢れてきた。

真夏の太陽はアンダルシアの闘牛場の太陽と化し、私の体内にふつふつと熱い血潮が沸《わ》きあがってくるのが感じられた。戦いはこれからだ！

それは今まで停止していた動脈がいま明石海峡の潮の流れのように、怒涛のように力強く活動を始めたのであった。

▼時は止まった

昨日まで地獄の入り口をさ迷っていた堀江謙一にとって橋の先は正真正銘の天国であった。

このゴールはこれまでの彼の航海歴でも数少ないゴールであった。

紀伊水道に入った時、彼はマスコミの取材など眼中になかった。

たとえ真夜中のゴールになったとしても一刻も早くゴールしたいと思った。彼をしても今回こそは命あってゴールできるとは思っていなかった。

ゴールした瞬間、耐え抜いた熱い思いが一気にこみ上げてきた。マスコミの取材などどうでもよかった。

「やったあ！」明石の澄み切った青空を見上げた。

青空は太平洋上で毎日のように見慣れていたが、今、彼の頭上にある青空はちがった。

それは全身から全ての力が抜けて宇宙を漂っているような心地よい青空であった。

目を閉じた。そして時は止まった……。

それが数秒のことであったとしても彼には永遠に永く感じられた。


その間、私はマスコミ各社の航空部に電話を立て続けに入れていた。

呼び出し音がひとつ、またひとつ、こんなにもながく感じられたことはなかった。

早く出てくれ！　何をしているのだ！　祈る気持ちだった。

その時、大きな1隻の船が明石港の方向から大橋に向かって静かに近づいて来るのがチラリと見えた。

その戦艦とも思えるほどの大きな船が大橋を過ぎてからしばらくして「MALT'S マーメイドⅡ号」のほうへ向け大きな図体《ずうたい》をゆったりと方向転換するのが見て取れた。

あれは何だ！　まさか？　と目を疑った。

まぎれもなく明石市役所の課長の白髭が説得してくれた問題の取材艇であった。大は小を兼ねるが小回りができない。取材艇としてはあまりにも大きすぎた。

大きな報道結果を得るためにはこの場合、取材艇は最も重要なものであったが、今回自分の眼で確認できなかったことに悔いが残った。課長が悪いのでもなく、もともと取材艇の手配をDPR（電通パブリックリレーションズ）の中村に任せた私に責任があった。

取材するカメラポジションの高さと小回りできる機動力が問われた。あまりにも高く、あまりにも小回りがきかなかった。サンフランシスコでもそうだったが同じ失敗を明石でも繰り返すとは、何とも情けなくやりきれない思いであった。

外洋を航海できる大型のフェリーで鯨か象がその大きな体を方向転換するのとまったく同じ動きのように思えた。なかなか思うように小回りができなかった。だが今はそんなことを言っている場合ではなかった。

「いそげ！　いそげ！　いそげー！」声のある限り私は大声で叫び続けた。

一方取材艇には中村がマスコミ担当の責任者として乗り組んでいた。定刻どおり明石港を出港したが、神戸方向へ橋を通過して垂水港の手前あたりの位置で「MALT'S マーメイドⅡ号」とすれちがった。

ちょうど堀江謙一がゴールへむけて気合が入った頃であった。

カメラマン達も橋にむかってゴールする画に照準を合わせようとしていた。「MALT'S マーメイドⅡ号」と距離はちょっとあり過ぎたが、ゴールにはまだ時間が充分あるはずだった。

彼らはその瞬間のために全神経を集中させようとしていた。その矢先、何かの間違いか？

「MALT'S マーメイドⅡ号」はゴールしてしまった。

あっという間のゴールにシャッターチャンスを逃した記者たちは怒りを爆発させていた。

操舵室では私からの怒鳴りの電話と記者達の責めにあって中村の混乱も想像を絶していた。

船長には何が起こったのかとっさに理解できた。カメラマン達の要望を充分理解していた。

巨艦は思うように小回りが効かなかったが、フェリーの船長は通常ではあり得ない操船に全力を注いだ。

始末書は覚悟の操船だった。彼にしてもこれほど興奮することも初めてのことであった。

こうなれば本線航路もあったものではなかった。船長は狭い海峡で神業に近い最高の操船技術を発揮してくれたのであった。誰一人、船長の操船に感謝する者もいなかったが、彼の操船に皆が助けられていることを私は改めて実感し、見事な操船に感心せざるをえなかった。

その後30分、潮に流されるまま「MALT'S マーメイドⅡ号」は明石海峡を漂うことになった。

この状況において5管本部富賀見警救部長（後の海上保安庁警備救難監）の置き土産が威力を発揮した。

▼七色の虹

堀江謙一と親交のあった部長は4月、3管本部の警救部長として横浜に移動することになった。

その時の〝遺言〟（海保では申し送り事項をそのように言っていた）として残したものであった。

「事故のないように堀江謙一をゴールさせよ」というものであった。

朝、私とミーティングしたあたりから海上保安庁の2隻の巡視艇が「MALT'S マーメイドⅡ号」の航行を遠巻きに見守り続けてくれていた。その巡視艇が本船航路内で他船の航行をブロックしてくれたのだ。他船との衝突から「MALT'S マーメイドⅡ号」を回避させた。

「ドタさん！　本船航路に入ったのですか？　何時までいるのですか！」あの携帯電話の声の主、橋本保安官は部長の〝遺言〟を果たしてくれたのだった。

船舶の往来が激しい本船航路。大型貨物船が「MALT'S マーメイドⅡ号」の脇をすれすれに交わした。

堀江謙一はその大型貨物船に気付くほど余裕を持ちあわせていなかった。効かない舵を何とか効かそうと懸命にティラー（舵棒）を押しつづけていた。

相変わらず「ＭＡＬＴ'Ｓマーメイドⅱ号」は大橋の真ん中、海峡の真ん中を流されていた。取材艇のフェリーが「ＭＡＬＴ'Ｓマーメイドⅱ号」をかわし回りこんで前に出た。橋、「ＭＡＬＴ'Ｓマーメイドⅱ号」、取材艇そしてエスコート艇という順に並んだ。私の前に大きなフェリーが大きな壁をつくりゆっくりと横切っていった。

そしてカメラのシャッターが一斉に切られた。

聞こえるはずがなかったが、その音が私には聞こえた。

バシャッ、バシャッ、バシャッ、バシャッ！　と気持ちの良い音が。

気のせいか幾分その潮の流れが遅く、止まったようにも感じられた。

舵が少し効いてきたせいであった。

「ＭＡＬＴ'Ｓマーメイドⅱ号」は潮の流れをコントロールし針路を北北西にむけていた。

取材艇の取材が終わりかけた頃、ヘリも思ったより早くやって来た。28分も早いゴールにかなり焦ったにちがいない。待ちに待った轟音は何にもまして有り難く思えた。

次から次へとヘリの来襲、水面すれすれの旋回、そのたび、水飛沫が飛び交った。

私にはそれが気持ちのいいシャワーだった。もっと、もっと、もっとかけてくれ！　と叫びたかった。

今までに経験したことがなかったほど興奮した。

夕刊、朝刊そしてテレビのニュースの画が目に浮かんだ。

シャワーは小さな七色の虹をつくり、それは歓迎のアーチとなった。

最後のヘリが取材を終えて大阪方面に機首をむけた時、時計の針はちょうど、2時30分を指していた。

マスコミの取材も何ひとつクレームもなく終わった。

一時は諦めかけたこともあった「MALT'S マーメイドⅡ号」の航海はその波瀾に満ち溢れた航海を終え、何とか無事帆を降ろすことができた。

さあ、多くの人々が待つ岸壁に帰ろう！　曳航のためのロープが投げられた。

潮に逆らって明石大蔵海岸へ向かう船足は最後の力を出し切り全速力で勇ましく走っているように見えた。

▼胸に秘めて

明石大蔵海岸の岸壁と海岸は航海の成功を祝う人々で埋めつくされていた。

岡田明石市長、サントリー丸山重役、牛尾部長ら関係者は多くの明石市民とともに「MALT'S マーメイドⅡ号」を笑顔で出迎えた。

中でも様子見のため真夜中の紀伊水道に出かけてくれた中家、由良で待機した国重（サントリー佐治副社長の友人）、二人の笑顔は格別だった。

中家は和歌山県由良町のナカヤマリーナのオーナーで、１９７３年の無寄港世界一周の航海以来26年、航海の都度ボランティアスタッフとして堀江を支えてきた。この航海も進水以後の国内でのトレーニング、そしてサンフランシスコ、ホノルルへ出張し現場でメンテナンス等の作業を行なってきていた。

市制80周年担当課としてこの一週間私を励まし続けてくれた明石市財政企画課の面々、感激をかみしめる斎藤課長、係長の加澤、そして担当の北條。「本当によかった！」彼らの笑顔に私は救われた。前任の課長の白髭はいつものあの笑顔だった。誰も気が付かなかったが私にはその目に涙が光っていたのが見て取れた。

明石市制80周年記念として明石海峡大橋にゴールして欲しいと白髭が私を訪ねたのはその前年の10月、それから9カ月、大きなアクシデントを乗り越えて「ＭＡＬＴ'Ｓ マーメイドⅡ号」は奇跡的に明石市に帰ってきた。

帰港前日の夕刻、当初依頼していた淡路明石連絡汽船から突然キャンセルされた取材艇のフェリー。一難去ってまた一難。課長がもう一つのフェリー会社、明石汽船に最後の交渉に出かけたのは帰港当日の朝9時のことだった。

明石海峡大橋ができたおかげで客足が遠のきフェリー業界は不況の嵐に見舞われていた。リストラのため乗組員も一人去り、二人去り、最少のスタッフで切りまわしていた。そのため今回のような予定の立たない予約には乗組員の調整が思うようにいかなかった。明石汽船の労組も当然のように言語道断と市の要請を受け付けなかったが、明石市制80周年記念行事と市からの伏しての願いとあって、当日の朝9時から社の最重要案件として対応が検討されることになっていた。

マスコミ取材陣にはすでに2日前に取材艇の案内がしてあり、白髭の笑顔に全てが託されていた。白髭はその時すでに担当の課長ではなかったが市役所きってのフェリー会社に顔のきく人物で、彼をさしおいて説得できる人はいなかった。

もし取材艇が用意できないとしたら、市制80周年行事は前代未聞の大失態になるところであった。白髭のあの笑顔がある限り私は最悪の事態は回避できると思っていた。

しかし最後の最後まで綱渡り、何が起こっても不思議ではなかった。

時計の針が12時30分を過ぎようとした時、中村から海上の私に電話が入った。悲壮感に満ちた声が彼の限界を伝えていた。キャンセルされたフェリーの航行願いの取り下げが出てないため新しい取材艇の航行が許可されないと……。直ちに海上保安部に問い合わせたところ、案件は管轄違いでもう間に合わないのではとの返事だった。一応管轄部署の電話番号を知らせてもらった。役所のほうから願いをしてもらうよう担当の北條に頼み運を天に委ねた。ここまでくればもうジタバタしても始まらない、腹はすわった。

やることはやった。それぞれが熱い思いを胸に秘めてこの時を待ち望んでいた。

設計の林賢之輔、造船を担当した鈴木造船社長の鈴木、建造チーフの武内、彼らもまた別の意味でこの時を待ちに待った人たちだった。生ビールの樽で造った船など世界中どこを捜してもなかった。堀江謙一から相談を受けた1年半前、鈴木造船はまさかと驚いた。林とて堀江謙一のとんでもない要望に戸惑った。もし無事に帰港できなかったとしたら彼らの未来に大きく違った運命が間違いなく待ち受けていた。

人生は全て紙一重。私同様、彼らも「MALT'S マーメイドⅡ号」が紀伊水道に帰ってきてからゴールまでの数日間、生きた心地はしなかった。

最後の最後、まさかの「MALT'S マーメイドⅡ号」のアクシデント。ふたつある舵の一つの舵を失い操縦不能のまま潮に流されてのゴールだった。そのことが分かったのは記者会見が終わり、一段落してのことであった。

終わりよければ全てがよかった。紀伊水道に戻ってゴールまで魔の5日間は何もなかったかのように思われた。

第2章
堀江青年の功績・鎖国からの解放

1962年　SF到着　ゴールデン・ゲート・ブリッジ付近のマーメイド号
ⒸHarry Jacobs

▼堀江青年の功績・鎖国からの解放

「20世紀最後の太平洋ひとりぼっち」このタイトルほど海洋冒険家・堀江謙一にとってふさわしい言葉はなかった。堀江謙一を知らない若い人々も多いことと思うが、彼は50年前の1962（昭和37）年、19フィートのベニヤ合板（9ミリの厚さ）のヨット「マーメイド号」で西宮からサンフランシスコまで世界で初めて単独無寄港太平洋横断に成功した。

その航海はNOパスポート、NOイングリッシュ、NOマネーの航海であったことは今でも語り草になっているが、そのNOパスポートが問題であった。NOパスポートの入国は如何なアメリカでも密入国であって許されなかった。そのため入国を拒否され、強制送還を覚悟した航海であったが、青年の思惑を越え現場の移民局長から1カ月の滞在許可を得、その上、心打たれたサンフランシスコ市長の英断により「市の鍵」を渡され、一転して一躍アメリカで英雄になった。官憲をはじめマスコミ、市民は無謀とも思える航海を成功させた日本の青年のチャレンジ精神を大いに称賛した。

アメリカがくしゃみをすれば日本は更に大きくくしゃみをした時代、日本の政府、マスコミの論調も堀江青年を密出国の罪人から一転して英雄に昇格させた。JALもPANAM（パンアメリカン航空）も競って帰国の航空券の提供を申し出た。彼の帰国はヒーローの凱旋となった。

羽田空港到着ロビーはマスコミの取材の争奪戦で大混乱、大変な熱狂振りであった。次から次へとＴＶ局のはしご、これほどの快挙はなかった。故郷大阪ではオープンカーでの凱旋、夜になると自宅前では提灯行列の歓迎を受けたほどだった。

当時、日本は復興への途上とはいえ「戦後」の残照がまだ漂っていた時代、そのうえ、日本の若者は安保闘争で敗北感を味わい無力感に陥っていた。生活も苦しく一握りの学生を除いてブルジョワ的なヨットの世界にはまったく関係がなかった。

ましてやヨットで太平洋を渡るような大胆な発想は皆無といっていいほどなかった。

誰もが小さなヨットで太平洋を横断できるなんて信じられなかった。

彼を知るヨット仲間も彼の計画を不可能だと鼻で笑った。

八方手を尽くしたがパスポートの発給もあり得なかった。

自信などなかったが着々と夢に向かって計画をたて彼はやってのけた。

権威に楯つくことで気概を示そうとしたのではなかった。

憧れのマリリン・モンロー（１９２６～62年）に会えると思ったのかもしれない。

もし憧れのマリリンの死を知っていたら？　彼女は堀江青年の到着直前の8月5日、36歳の短い生涯を閉じていた。

航海中ラジオは彼女の死を報じていたが幸運にも彼はその死を知らなかった。ラジオで聴いたとしてもＮＯイングリッシュが幸いした。マリリンが話題になっている。もうすぐサンフランシスコと逆に気が躍った。

〝ががーん〟と一撃をくらった。それは日本中が強烈なパンチをくらったようだった。

罪人以外の何者でもなかった堀江青年がアメリカでヒーローになった。誰もが目を疑った。

信じられないことが起こった。

今までくらったこともない衝撃、目を覚ませといわんばかりのパンチだった。

日本中が一瞬にして価値観が変わる思いがした。

誰ひとりとして思ってもみなかったことを青年はやり遂げた。

法を乗り越え、波を乗り越え、自分の意志で、自分の力で太平洋を横断し、自分の夢を実現したのであった。

まさかと思った堀江青年の冒険『太平洋ひとりぼっち』の成功は日本の若者に夢と希望を与え、チャレンジ精神の素晴らしさを教えることになった。そして若者のみならず国民に敗戦で失った自信を取り戻してくれた。

「やってくれるなあ！」「やればやれるではないか！」

「アメリカに行こうと思えば行けるのではないか！」

皆がそのように思った。

それ以上にその一撃によって老いも若きも身に纏《まと》った重い鎧兜から解放され身軽になった思いがした。

時として若者のエネルギーは時代をも変えるパワーをもっていた。

1962年当時、日本では一般人の海外渡航は自由にはできなかった。政府による強い規制を受けていた。特別な業務や視察、留学、移民などの目的がなければ海外に出かけることは叶わなかった。個人の船、ましてやヨットでの海外渡航の許可など下りることはなかった。そこには海外交通を禁止した鎖国令が脈々と生き続けていた。

幕末（1854年）、吉田松陰がアメリカへ密航を試みて果たせなかった時代とまったく同じであった。日本人の心の奥底では1600年代からの幕藩体制の鎖国が亡霊のように生き続けていた。

200年以上続いた鎖国、1854年の開国以後もさらに100年以上に亘って、精神的な鎖国として日本国民を金縛りにしていた。実際、政府の許可がない限り一般人の海外渡航はできなかった。幕末の混乱、新国家づくりの混乱、半世紀は世界が戦争に明け暮れた20世紀、そのうえ大震災に金融恐慌、そして敗戦と日本の国民には海外に目を向ける余裕すらなかった。貧乏国の日本人にとってはごく一部の富裕層を除いて莫大な費用がかかる海外渡航は夢のまた夢であった。島国で幕藩体制に甘んじた農耕民族のDNAなのか一般国民には海外渡航など無縁であった。海外渡航という概念すら持てなかった。

無名の一青年の冒険は結果としてヨット界のみならず鎖国以来の日本人の価値観を変えることになったと言っても過言ではなかった。それほど日本人にとって衝撃的な出来事であった。

その年の秋にはそのヨット界の「鎖国の扉」も一瞬のうちに音もなく開いていった。それ以上に潜在的に秘めていた日本の若者の可能性が一気に花開く春を迎えたのである。

太平洋を単独で渡ったことも凄いことであったが、それ以上にその衝撃によってなにかとりつかれたものが落ちていくように、日本国民から精神的鎖国が消え失せていった。そして日本人にとって月ほど遠かったアメリカが手が届くほど身近になっていった。

それは１６３５年の鎖国令以来３００有余年、日本国民を金縛りにしていた鎖国の精神的呪縛から真に解放してくれた決定的な出来事であった。事実、１年半後の１９６４年4月１日、日本国民は海外自由渡航のチケットを手に入れたのだった。ペリー提督との日米和親条約締結（１８５４年）から１１０年、日本国民は晴れて自由に海外に出られるようになった。誰でも自由に海外に行けることが当たり前の今日では信じがたいことだが、たかだか50年前のことであった。

サンフランシスコ市長から堀江青年に贈られた「市の鍵」は、実は日本国民が世界に目を向けることになった大きな鍵だったのである。

坂本龍馬が夢見た海外へ、吉田松陰が果たせなかったアメリカへ、堀江青年は自らの力でやってのけた。そして新しい夜明けをもたらしたのである。

１９６2年5月12日午後8時45分、西宮の岸壁、夜陰に乗じて堀江謙一が「マーメイド号」のもやいロープをそっとはずしたとき、その夜明けは誰に気付かれることもなく密かに始まった。

私も堀江謙一青年の航海の成功に影響を受けた若者の一人だった。隣の兄貴か何か親しい先輩にしてやられたと思いつつ、自分には無関係で遠い存在であった大国アメリカが手を伸ばせばついそこにあるように思えた。ワクワクした高揚感に満たされ、自分もいつかきっと何かができそうな、可能性を強く感じたことをよくおぼえている。

▼希望に満ちた時代

１９６０年、世界は冷戦の真只中《まっただなか》にあったが明るい兆しが感じられた。日本の若者は60年安保闘争で敗北感を味わい無力感に陥っていたが、この年の秋におこなわれたアメリカ合衆国大統領選挙からその兆しは始まった。

リチャード・ニクソン（第37代大統領）対ジョン・F・ケネディ。僅差でケネディが勝った。翌年の1月20日、弱冠43歳にして第35代アメリカ合衆国大統領になったジョン・F・ケネディはニューフロンティア精神をスローガンにかかげ「今、松明《たいまつ》はアメリカの若い世代に受け継がれた、我々は新しく出直そうではないか」と大統領就任演説をしめくくり世界に感動を与えた。

また、4月12日、ソ連があげたボストーク1号によるユーリン・A・ガガーリン少佐の史上初の有人宇宙飛行が成功、「地球は青かった」と宇宙からの第一声を世界に送った。ソ連と宇宙競争で一歩遅れをとったアメリカはともかく、ソ連嫌いの人々でさえガガーリン少佐のこの言葉に驚嘆し感動した。この言葉は永遠に人類に新鮮な響きを与えることになった。今日《こんにち》にあってもこの感動は一向に薄らいでいない。

ソ連に遅れをとったアメリカは国の威信にかけて向こうを張った。そしてアポロ11号のニール・アームストロング船長による人類の月面着陸の歴史的な第一歩は１９６９年7月20日20時17分39秒

（UTC）に実現したのであった。月面に靴の跡がくっきりと刻印された。
「ひとりの人間にとって小さな一歩だが、人類にとって偉大な飛躍である」（“That's one small step for “a” man, one giant leap for mankind”）と感動的な言葉と映像が月面から送られてきた。

42万㎞の彼方から、地球以外の惑星からの肉声と映像であった。世界中の人々がテレビの前で固唾を呑んでこの歴史的瞬間に釘付けになっていた。

宇宙服に包まれた船長とオルドリン宇宙飛行士は跳ねるように月面を歩いた。そして月面に星条旗が打ち立てられた。人類が宇宙へ行く夢の実現に向け第一歩を踏み出した瞬間だった。

船長と共に人類の夢を同時体験した世界の人々が感動と興奮の渦の中で明るい未来を確信した瞬間でもあった。

あの忌々しい第2次世界大戦終戦から15年、世界にはこの先多くの試練が待ちかまえていた。1962年キューバ危機、1963年ケネディ大統領暗殺、11月22日、日米間のテレビ衛星中継が初めて行なわれたが、その記念すべき第一報が大統領暗殺のニュースであった。世界は悲しみに包まれた。そして1968年4月米国の公民権運動のリーダーであったマルティン・ルーサー・キング牧師の暗殺。

「私には夢がある。いつの日か、この国が立ち上がり、『すべての人々は平等に作られていることを自明の真理と信じる』というこの国の信条を真の意味で実現させる夢が」

「私には夢がある。いつの日か、ジョージアの赤土の丘の上で、奴隷の子孫たちと奴隷所有者の子孫たちが同胞として同じテーブルにつける夢が」

「私には夢がある。いつの日か、差別と抑圧の熱に焼かれるミシシッピー州でさえ、自由と正義のオアシスに生まれ変われる日が来る夢が」

「私には夢がある。いつの日か、私の四人の幼い子ども達が肌の色ではなく、人格そのものによって評価される国に住める夢が」

　1963年8月28日、キング牧師は、職と自由を求めるワシントンでの行進の際、リンカーン記念館で、人種の平等と差別の終焉を呼びかけた世界で最も有名なワンフレーズ「I have a dream」の演説を行なった。キング牧師が自分の人生を賭け、心の奥底から出てきた「I have a dream」は世界の人々に大きな感動を与えた。「大切なのは生の質であって、長さではない」「かりに運動の途中で斃れたにしても、それが国の魂を救うものであるならば、これ以上の救いはないだろう」と言って凶弾に倒れたキング牧師は39年の人生であった。その葬儀の柩はキング牧師が終止符を打とうとした貧困を象徴するラバに引かれた荷車であった。

　そして6月、ロバート・ケネディ暗殺、8月ソ連、チェコスロヴァキア占領、60〜75年ベトナム戦争、65〜77年中国文化大革命の嵐が待ちかまえていたとしても、60年代の世界は希望に満ちた新しい時代に入ろうとしていた。

　当時の日本はまだまだ「一旗揚げて、故郷に錦を飾る」時代で、「末は博士か大臣か」、「少年よ、大志を抱け」という戦前の立身出世の発想、成功の基準が色濃く残っていたが、堀江謙一青年の冒険『太平洋ひとりぼっち』の成功によって誰もが世界へ飛翔《はば》たく夢、希望を持つ時代へと大きく変革していった。そして日本の若者が世界に雄飛する時代がやってきたのである。

私のような田舎の少年は東京の大学に行った従兄たちが夏休みで帰郷しようものなら、徹夜で従兄たちの東京弁に聞き入り目を輝かせた。東京かぶれした従兄たちも得意満面で、予備軍の私達にとって従兄たちは外遊帰りのヒーローだった。田舎が全てであった少年にとって東京は外国のような遠い存在であった。

1961年、写真館の倅は写真館の跡を継ぐべく故郷を後にした。上京して間もない素朴な青年にとって堀江青年の快挙は大砲の弾でもくらった程の大きな衝撃だった。田舎の写真館の主人になんか収まっていられなかった。新聞社を落ちた青年は、世話になっていた叔父の「これからは電通が面白い」という一言で、その頃あまり世に知られていなかった広告の電通に入ることになった。64年の春のことで海外渡航が自由化された日であった。

60年安保で挫折した学生のエネルギーは池田内閣の所得倍増計画の前に沈静化したかのようであったが、68年ソルボンヌ大学の学生を中心に学生の自治と民主化、ソ連による「プラハの春」の抑圧、ベトナム戦争への反対、そして自由と平等を掲げ、学生、労働者、市民1000万人が大規模なゼネストを行なった「パリの5月革命」はドイツ、イタリアそして我が国にも飛び火し、全共闘運動として全国に拡大し激しい大学紛争がキャンパスや街頭に繰り広げられた。神田駿河台周辺も学生に占拠され、バリケードが築かれ、その解放区に立てこもる学生と機動隊との間で流血の衝突が続いた。69年の東大安田講堂封鎖解除で学生運動は収束にむかい、連合赤軍の集団リンチ、浅間山荘事件（72年2月）という凄惨《せいさん》な断末魔を経て日本赤軍日航機ハイジャック事件（73年2月、77年9月）をもって幕を閉じた。

一方、日本経済は60年ジェット化時代の幕開け、64年東京オリンピック開催、高速道路開通、新幹線開業、70年には大阪万博開催等へ向け高度経済成長をひた走り、64年みゆき族、66年ビートルズ来日、67年ツイッギー来日ミニスカート旋風と国中がわくわくした。

私が働くことになった広告界にも夢に見た新しい波が押し寄せて来た。66年資生堂が日本で初めてハワイにおいて海外ロケを行ない前田美波里は一躍スターになった。海外ロケの到来は青い空、青い海を求めて近場のグアム島ロケから加速していった。私の海外ロケは遅れること4年、70年ヤクルトの長寿村キャンペーンの取材でコーカサスに行ったのが初めてであった。ジョアの発売を兼ねポーランド、ローマ、パリでもロケを行なった。当時、ポーランドの田舎では東洋の日本人は大変珍しく、工場の窓という窓から若い娘たちのエイリアンでも迎えるような好奇の眼差しの雨が注がれた。

▼思い出

いつもは昼寝をしているようにひっそりと静かな山陰の片田舎の駅。そのプラットホームがちょっとした賑《にぎ》わいを呈していた。それはこの季節には毎日のようにありふれた光景であった。

「一角《ひとかど》の人間になれよ！　故郷に錦を飾れよ！」と激励の声、ホームは期待感で満ち溢れ、列車がホームをあとにすると永遠の別れであるかのように決まって母は涙した。田舎には大学も働く企業もなかったため中学校、高校を卒業したイガグリ頭の息子やオカッパ髪の娘達は大きな期待という荷物を背負って、学業にあるいは就職のため親元を離れ都会へと巣立って行った。集団就職という言葉があり、金の卵と重宝されたのもこの頃で、私も同じように父母、叔父、叔母そして親戚一族の期待を背にした見送りを受けていた。大志を抱いたかは別にして上京することに胸を弾ませていた。

東京まで一日1本の急行列車（蒸気機関車）で20時間、しかも座席はリクライニングもなく、背もたれや座席がグリーンのビロードで少し白っぽくかすれていた3等列車に乗り込んだ。トンネルに入るたびに石炭の煙が開けた窓から顔を直撃した。誰もが目に焼き付けたように私も故郷の山々を目にしっかりと焼き付けた。

ポッポッ・シュッシュッ、ポッポッ・シュッシュッ、♪今は山中、今は浜、今は鉄橋渡るぞと、思う間もなくトンネルを♪と思わず口から懐かしい唄がでてくる山陰の単調な山々、そして海岸は歌詞そのものであった。冬ともなれば天与の豊かさから忘れられた、貧寒という言葉が思わず出てきそうな石見の風景。海は一変し、そののどかさとはほど遠く、日本海の空は鉛色に覆われた重苦しい雲に閉ざされ、その低く垂れ込めた鉛色の雲は今にも落ちてきそうで海面を圧迫していた。そして水平線の彼方ユーラシア大陸まで日本海の空を覆い尽くしているようであった。海と雲のわずかな隙間をシベリヤから運ばれた冷たい風が吹き荒れ、荒々しい波が単調な海岸に寄せては返し、寄せては返していた。その海を左に見ながら右側は特徴のない小山の起伏が続いていた。懐かしい故郷の山々、現在でも田舎の景色はその当時とさほど変わっていない。当時は新幹線も、飛行機もなく、やっとテレビの普及が始まった頃で、都会と田舎では文化の格差が今では考えられないほど大きかった。映像を伴った情報伝達の手段と、物流のスピードがなかったため都会と田舎とは隔たりが大きくその格差を作っていた。当時、田舎出身の若者は都会に対して田舎モノとしてコンプレックスを持ち、反面大きな憧れをもっていた。このようなバックボーンを大切に仕舞い込み、大きな夢と希望を持って都会へ都会へと向かった。時には故郷の年老いた父母を思い涙することもあったが、彼らはそのバックボーンをバネに頑張ったといったほうがよかった。

私の上京から1年が過ぎた頃、堀江青年の『太平洋ひとりぼっち』があった。その衝撃にも近い躍動感が都会に対してコンプレックスをもった青年に大きな影響を与えたことは至極当然なことであった。

“Boys, be ambitious!”（少年よ、大志を抱け！）その頃、卒業生への餞《はなむけ》の言葉として定番になってあった。

いた。校長先生や来賓、名士の挨拶で必ずといっていいくらいに述べられた。私達の時代は工業化へ向けて都市への労働力の供給のためであったのであろうが、日本中の青少年、特に田舎出身の若者ほどこのフレーズを胸の奥に大切にしまって明日へ挑んでいった。

「大志を抱け！」、いつかきっと、いつかきっとと決意を新たに故郷をあとにしていった。

札幌農学校のクラーク博士（Dr. William S. Clark　1876《明治9》年8月14日開校と同時に教頭として赴任、翌年4月16日離任）の離任の言葉だった。

帯刀廃止令の4カ月後のこと、士族中心の知識人社会に育った24名の生徒はこれぞ西洋と感銘し博士の薫陶よろしきを得た。

僅か8カ月たらずでの離任だった。それも駅逓《えきてい》での別れの挨拶。

生徒たちの未来を思っての訓示や一大スピーチではなかった。

だが、快活、豪快な博士は感極まった。

馬に跨《またが》るや否やとっさに「“Boys, be ……!”」と叫んでいた。

博士の創作でなく、一説に、その当時、故郷マサチューセッツ州アシフィールド（Ashfield）で交わされていた別れの挨拶を博士はしたものと言われている。

“……like this old man”と続いた。そして一鞭を加え塵埃《ほこり》を蹴《け》って去っていった。

まあ、みんな元気でな、この老人のように！　といった気分の挨拶であったかもしれない。

後年、博士との別れの回想が1894年頃の同窓会誌に紹介されることになった。直訳された

「子どもらよ、この老人のように大望あれ！（少年よ、大志を抱け！）」が前途洋々とした学生に残した言葉として博士を偉大な人物に祭り上げることになった。明治維新直後の新生日本男子はその言葉を偉い西洋の博士から戴いた強烈な大号令と感動した。日清、日露戦争に勝ち西洋列強に追いつき追い越せの時代がその言葉を必要としていた。また教師も自分の言葉のように授業の始まりに必ずと言っていいくらい黒板に白いチョークで大きく書いた。「Boys, be ambitious!（少年よ、大志を抱け！）」お国のため、お家のため……、言葉は独り歩きしていった。日本男子の琴線《きんせん》にふれ、瞬《また》く間に日本の若者を奮い立たせる名言になっていった。

経済発展と技術革新を成し遂げた今日から思えば信じ難い話だが、50、60年前の日本はまだその延長線の世界にあった。思うに我が国は、1945年8月の敗戦から6年余の占領下で敗戦国としての辛酸《しんさん》を嘗《な》めることとなったが、1952年主権国家として再スタートし、朝鮮戦争特需（1950〜55）の恩恵に与《あずか》り、その後、高度経済成長へ突き進んでいくことになった。1960年代の日本は素晴らしい未来を信じ、素晴らしい未来を期待することができる明るい時代を迎えようとしていた。

所得倍増政策、貿易自由化、そして高度経済成長へとむけ時代は大きく動いていった。

サラリーマンがマイホームを持てるようになるのもこの頃からで、それは庶民にとって夢の実現でもあった。

ついつい横道にそれてしまったが、１９６０年代、その希望に満ちた時代の到来を予告するように堀江青年の快挙がもたらされた。私達に夢、希望を与えてくれた堀江謙一の「マーメイド号」はサンフランシスコのフィッシャマンズ・ワーフにあるマリタイム・ミュージアム（海事博物館）に寄贈された。サンフランシスコ湾で輸送手段として活躍した歴史的な船にまじって「チャレンジスピリットの象徴」として今も大切に保管・展示されており、訪れる多くのアメリカ市民はその無謀とも思える事実の前に驚嘆し、日本の青年のチャレンジ精神を称賛するとともに、チャレンジの大切さをかみしめている。

その苦楽を共にした「マーメイド号」は堀江青年の青春そのものであった。その後2度と共に過ごすことはなかったが、１９９９年、彼はマリタイム・ミュージアムで久し振りに「マーメイド号」に乗る機会を得た。狭いキャビンで仰向けになってみた。目を閉じるとあの37年前の海をはしる音、ズウィッ、ズウィッ　懐かしい音が聞こえてきた。二人にしか通じない思い出が甦る。「マーメイド号」は彼の身体の一部だった。熱いしずくが頬を伝わり、落ちた小さな水滴はキャビンの床に吸い込まれていった。

▼宇宙船地球号

その初航海以来、彼は単独無寄港世界一周をはじめ、縦まわり地球一周、そして「ペダル・ボート の航海」を含め7回も冒険航海にチャレンジして成功を収めていた。

1996年のアルミ缶リサイクルのソーラー・ボート「MALT'S マーメイド号の航海」(1996年サリナス・エクアドル—東京)に次いで、「MALT'S マーメイドⅡ号の航海」はサントリーにとっては2回目の全面支援となっていた。支援するサントリーそして私にしても、彼が太平洋を渡ることに何の不安も感じなかった。航海を重ねるごとに堀江謙一にとって太平洋は狭くなっていったし、彼の輝かしい過去7回の実績は支援する人々にそれほど安心感を与えていた。彼と太平洋には特別な関係があるのでないかとも思えた。

サントリーをクライアントに持つ広告代理店のプロデューサーとしての私の役割は、堀江謙一と共に航海企画を立案し、後援・協力の取り付け、公的機関、そしてヨットクラブとの折衝、イベント実施(進水式・出航式・帰港セレモニー)、そして広報作業(PR)などである。

航海と造船を除く作業で、彼の構想を聞いた時をスタートとすると3年に及ぶ堀江謙一とのパートナーとしての作業であった。出航の1年前までに協力の取り付けや各機関との折衝を済ませ、新しい航海の記者発表を行なった。私の立場からの航海の成功、不成功は海外も含め如何にマスコミに関心、理解を持たせるかであった。そのためイベントごとに記者会見を行ないながらマスメディアに関心を持たせ、そのニュース報道を通じて市民の航海に対する興味、関心を醸成していった。それはまた、各協力機関の理解を深めることにもなった。

出航、帰港は最大のPRチャンスでハイライトであった。このチャンスに失敗すること、特に帰港のPRの失敗は許されなかった。天気からして晴れなければいけなかった。そしてすべてのエネルギーを集中させなければならなかった。

次から次へと航海のハードルが高くなっていく堀江謙一の航海、斬新なアイディアは航海中に生まれると彼はいう。彼は4カ月、5カ月もの洋上で何を見、何を感じているのだろうか。


1990年、私は地中海でセールトレーニング船「海星号」のトレーニングに参加する機会があった。帆船「海星号」の英国人船長クリス・ブレイクは、〝奴隷船〟の船長であった。

海の覇者となった英国海軍、掠奪船《りゃくだつせん》ドレイク船長時代からの血が脈々と受け継がれていた。企画立案のためトレーニー（訓練生）の引率者として気楽な気持ちで乗船したのだが、船長は手の空いているものは猫でも働かせた。

奴隷か下船か、答えは二者択一。洋上での下船は〝今すぐ海中に飛び込め〟すなわち死を意味した。私もしぶしぶ奴隷にならざるを得なかった。

船長は船上では神か王で、船長の命令は絶対であった。

甲板《かんぱん》清掃にトイレ掃除、そして帆を張る展帆作業、1本のロープを10人、15人がかりで引っぱった。船長はトレーニーが船酔いだろうが動けるものは休む暇もなく働かせた。

労働の後には眠りをむさぼり、唯一の楽しみは食事しかなかった。

空腹の奴隷にはどんなものでも美味であった。

その労働の中でも30mのマスト最上部での見張り役には皆ブルった。これ以上高いところはなかったが、幸い私は高度恐怖症でなかった。マストからの眺めは格段に素晴らしかった。全ての労働を忘れ奴隷から解放された。

突然、気分は奴隷から海賊になった。どんな獲物でも逃さない鋭い目になっていた。どこまでも視界を遮るものもなく塵ひとつない冬の地中海、その視界は1・0から2・0へと私の視力を上げた。

ピーターパンと戦った海賊フック船長、ドジなフック船長もピーターパンと同じように子ども達の永遠のヒーローなのだ。

遥か水平線に陸地を発見した時、たとえ小島でも大陸発見と心が躍った。

陸地はどこまでも続き、そこには豊かな畑や森があり、自分たちとは異なった文化をもった人々が生活を営み、美しい女性と、御馳走と美味い酒が待っていた。

想像力は逞しくなっていった。

今度はコロンブスをはじめバスコ・ダ・ガマ、マゼラン、クック船長たちの大航海時代の航海が目に浮かんできた。

陸地発見は一大発見だった。

長い長い航海の末、彼らが水平線の彼方に陸地らしきものを確認した時、どんなに心を躍らせたか、その気持ちが手に取るように想像できた。

真夜中のワッチ（見張り）に出た。甲板の上にはマストの最上部にある小さな航行灯以外に明かりはなく、暗黒が世界を支配していた。その暗黒の世界は不気味で恐怖を感じた。闇の世界から誰かが見つめている。振り向くと取り憑かれ永遠に闇の世界へ連れ込まれるような幽霊の気配を感じ恐怖に慄いた。

白く長い髪を風になびかせ、ヤード（帆の梁）に腰掛けた海婆《うみばば》がチャンスをうかがっていた。痩せこけた頬《ほお》、人一倍大きな目がぎょろりとにらんだ。

空勇気《からゆうき》を出し何ごともなかったように平然とした態度でワッチを続けた。

その暗黒の世界を見上げると、そこにはこぼれ落ちんばかりの幾千万のダイヤモンドが輝いていた。それは今まで見たこともない信じられないほどの美しい満天の星空だった。流れ星が次から次へと長く白い軌跡を残して流れていった。

宇宙船地球号が広大な宇宙をゆっくりと旅をしていた。

我々地球人はこの宇宙船地球号に乗って広大な宇宙を旅している。

平和、戦争、幸福、不幸全て地球号の船内のできごと、もっと広大な宇宙を見ながら快適に旅がしたいと思った。

地球が宇宙の主役でない今日、船内での争いごとはやめ平和に、清潔に地球号を維持管理して快適に旅をしなければならないと思った。

その時、なぜか遥か遠い時代に想いが走った。

紀元前、交易の民と言われたフェニキアやカルタゴ、古代ギリシャそしてローマが覇権を争った地中海。テュロス、アテナイ、ローマに滅ぼされた地中海沿岸の都市国家の奴隷達が鞭打たれてガレー船の櫂を漕ぎながら、私が眺めている同じ夜空を眺め、故郷に残した妻や子どもたちの安否に涙したことを思った。

その海を、今、私は帆船で彼らと同じような境遇で航海をしている。それが比較にならないものであったとしても彼らの世界に自分を誘い込んだ。

ああ！　海にはロマンがある。それは何千年の時間を超え昨日のことのように思えた。ミクロネシアの海人が支配した太平洋の夜空はまた別の世界があるのだろう。堀江青年はその美しい世界と一体化しているのではなかろうか。

広い太平洋に唯一人、彼は地球上に存在する唯一人の人間であった。

１９２７年、「翼よ、あれがパリの灯だ」と愛機スピリッツ・オブ・セントルイス号に言い聞かせたリンドバーグ（Charles Augustus Lindbergh　１９０２年～74年）は大西洋の雲の絨毯の上を飛行していた。朝日に染まる雲、黄金の輝きに向かって飛行し、愛機はその輝きに包まれていった。それは彼が今まで見たこともない初めて見る荘厳な美しい世界であった。天から音楽が聞こえてくるようでもあった。

そして不眠不休で意識が朦朧としていた。今度は黄金の輝きを背に受け、愛機は神に導かれるようにパリに向かって飛行していった。夢の世界を飛行しているようでもあった。そして、その2～3時間後にパリの灯を見ることになった。

前人未到のことを成し遂げた者は今まで誰も見たことのない世界を見、全身に浴びた。それは天の啓示を受けたようでもあった。

かつて、エクアドルで私は堀江謙一を日本のリンドバーグと呼んだことがある。

3カ月も4カ月もの間、この世でただ一人大自然と対峙するということは我々凡人には信じられない世界が彼を待っているのだろう。

▼「太平洋ひとりぼっち」の航海

当時の「太平洋ひとりぼっち」は、どんな航海だったのだろうか。彼の航海記には以下のように記されている。

5月24日：午前5時、気圧計は1000ミリバールをわる。外は風波がグングン激しくなった。セールをあげて走っては危険だ。（中略）。それもつかの間。南無妙法蓮華経！　南無妙法蓮華経！　そう唱えるしか、いまできることはない。ボートはバラバラに解体する寸前と思われる。そうブルった瞬間、横から巨大な波がぶちあたった。ドッと海水が流れ込む。

これで、わが生涯も終わりか。つづいて、もうひとあたり。スターボード側の後部ガラスが、みじんに破れとんだ。（中略）強風のため、ぜんぶセールをおろしても、まだマストとリンギが風を受ける。ヨットはやけに振りまわされる。ごつい表層流だ。波頭がくだけて、スプレーになってとぶどころではない。すごい風のおかげで、海面全体の流れとは別に、表面だけの波がつっ走る。（中略）と、いきなり、海水がガバッとなだれこんできた。頭から足の先まで、全身ズブぬれになる。とっさに、もうあかん！　チンだと直感した。（中略）

夜、夢のような、幻覚みたいなものを見る。キャビンのなかに、たしかにもうひとり、ぼくがいる。ぼくはもうフラフラだ。一日じゅう働きづめだった。こんどは、アイツが仕事をする番だ。だのに、どうして出ていかないのだ？　ハッとして、正気づく。乗っているのは、ぼくひとりだ。だれもいやしない。デッキに出る。嵐はつづいている。

7月14日：しかし、夜空は美しかった。月光に照らされて、静かにすべりゆくわが艇。そして、一杯のリプトン・ティー。これがわが全財産なのだ。（中略）

スライディング・ハッチをあけて、ぼくはバースであおむけに寝そべっている。

夜空は100点の快晴。満天の星だ。まん丸に近い月もあがった。（中略）ただ美しいと思う。なんだか、どの星もぼくを中心にしてまわっているみたいに見える。ボートはズウィッ、ズウィッ。星がキラキラ。手には熱いリプトンがある。もったいないから、チョビリ、チョビリ流しこむ。船底を海水がスーッ、スーッ、威勢よくうしろに走りぬけていく。しあわせだ。やりたいことをして、しかも、それが順調に目的へとアプローチしていく。空は美しい。ティーはうまい。健康もすばらしい。

ロマンチックだなあ。グッとくる。生き甲斐を感じる。きてよかった!

(『太平洋ひとりぼっち』堀江謙一著、福武文庫)

悪天候の連続、フカの恐怖、狂いだしてしまいそうな孤独などが次から次へと襲いかかってきた。彼は、もうだめか、もうだめかと思った。帰りたくても帰れない、進むしか道はなかった。不屈の精神と熱意などどこにもなかった。一転して満天の星、美しい夜空に生き甲斐を感じた。気がついてみたら94日の航海を成し遂げていたのである。

だが我々が想像すらできない戦いの日々のなかに、堀江青年は邪悪のモノを含めすべて削ぎ落とされ体全体が空っぽになった感じがした。そして空になった体に素晴らしい何かオーラのようなものが入り込み鎧兜をまとうように体全身にまとっていった。

この太平洋の広さ、そして自然の偉大さに比べれば人間の営みはなんとささやかに見えることか。傷つけ合い、競い合う力もなんと無力なことか。23歳の若者の奢りではなかった。

人生に、彼は今もこの時感じた崇高なるものを見続けているのである。

「山麓に住んでいる人が初めて山に登り、下界を見下ろした時、それまで見えなかったものが見えるように」

「海は人間の気まぐれが通用しない世界だから、海という自然と付き合うことによって人間も自然の状態に近づいていくような気がする。海では人間は謙虚にならざるをえない。自分自身の傲慢さがだんだんと削られていくようだ」

また「多くの航海から得られた知識や経験が僕の中で生きており初めてイケルナということが見えてくる。10年前には気付かなかったことが解るようになり次の航海に生かされる」と彼は語っている。この彼の言は現在、リストラの嵐のなか、あまり元気のない中高年にもっと自信を持てと励ましているようでもあり、社会に対しては多くの経験と知識をもった中高年をもっと、もっと活用すべきだと雄弁に物語っているのではないだろうか。

『太平洋ひとりぼっち』は翌年、堀江青年や私とは比較にならないほど長い脚を持った時の国民的大スター石原裕次郎の主演で石原プロ処女作として映画化された。堀江青年はカッコいい石原裕次郎のイメージとダブっていった。その反面、皮肉にもヨットのイメージはどんどんとブルジョワの世界へと遠い存在となっていった。裕次郎が湘南の裕福な家庭のボンボンであったことは日本中が知っていた。

▼石原慎太郎の堀江批判

その裕次郎の兄でヨットを趣味とする小説家で政治家の石原慎太郎都知事はその頃すでに新進気鋭の芥川賞作家であった。太平洋横断の年が明けた正月、批評の神さま小林秀雄が堀江謙一著『太平洋ひとりぼっち』を昭和37年度の文学的一事件と褒めたことに対して堀江批判をした。江藤淳の堀江批判に続く批判であった。週刊朝日（昭和37年9月20日号）のインタビュー記事で、航海日誌をみせない堀江に対して江藤は、現地サンフランシスコのジャーナリストが抱いた太平洋の横断を疑問視する説を有力な推測として紹介し、記事の中でことごとく堀江の人間性まで批判していた。

石原は月刊文藝春秋（平成12［2000］年5月号）「わが人生の時の人々」で、その小林秀雄との様子を親友江藤の批判から水を得た魚のように、虚構に富んだヨットマンと堀江謙一をこっ酷《ぴど》くこき下ろしている。

文学的資質の問題となると許せなかったのか、石原は堀江の航海記がゴーストライターの書いたものと小林に暴露した。「そうじゃないんだよ、俺がいったのは堀江のやったことについてなんだ」という小林に「あれはたいしたことではないんですよ、彼の前に同じことを何人もやったやつはいるんです。ただ日本人じゃありませんがね。日本人だから立派だ、凄いんだというんじゃ日本人の立つ瀬がありませんよ」と言い、さらに文中で「サンフランシスコの有力紙サンフランシスコ・クロニクルがボストークの成功に嫌気がして当日のヘッドラインを変更したのが逆輸入され日本でも一躍ヒーローになった。ヨッティングについて詳しく知らぬ世間が、日本人の彼こそが世界で初めて太平洋の単独横断を果たしたのだと誤解したまま信じているのを堀江自身は一向に否定しようとはしていない。その姿勢はスポーツマンとしてフェアーといえない」とも言っている。堀江が成功した直後のサンデー毎日（9月2日号）で石原は「日本人がはじめてやったとは壮快！　今まで例がない、このような人がもっとどんどん出ることが望ましい」と語っていたが、年が明けてみれば手のひら返しの批判であった。

「ヨットなんざ素人だもの」と言う小林秀雄が堀江謙一のやりとげたことを褒めたことがごく自然なことだと思えるが、石原の言うように、たとえ堀江謙一の前にシングルハンドで太平洋を横断したヨットマンが記録に残らないほど多くいたとしても、北太平洋を渡ったヨットマンがいたかどうかは定かでないし、現在、記録として残っているものはない。

“the first man in history to make a ……” 1865年創設の名門サンフランシスコ・ヨットクラブ、サンフランシスコ・マリタイム・ミュージアムも世界初の横断と認めているし、菊池寛賞の授賞理由をもってしても堀江は世界で初めて単独で太平洋を横断したのである。賞は堀江の著書に与えられたものではなく「世界初の単独無寄港太平洋横断」に与えられた。

また、世界がリンドバーグと比肩すべき壮挙とも言っている。あの当時、三等国の日本の青年が小さなベニヤ合板のヨットで太平洋を単独無寄港で渡ったことは世界の人々を驚嘆させるほど凄かった。それ以上に日本にとって衝撃的な出来事であった。

確かにガガーリン少佐のボストーク1号（4月12日）の打ち上げによってソビエトとの宇宙競争に遅れをとったアメリカは少々自信喪失に陥っていた。そして堀江青年がサンフランシスコに到着した8月12日（日）、ボストーク3、4号（米国8月10、11日）の連日の成功は自信喪失に追い討ちをかける出来事であった。その成功をアメリカとしては一面で大きく報じたくなかったのは事実としても、石原の言うところのサンフランシスコ・クロニクルが腹いせにヘッドラインをすり替えたのではない。翌13日、クロニクルの1面のトップには、“Two Russians in Orbit”とソビエトの有人飛行船ボストーク3号、4号のランデブーが大きく扱われ、“Pilot Can See Another”“‘Fantastic’ Leap Toward the Moon”と見出しが続き、堀江青年の記事は1面の下の掲載であった。ヘッドラインにはHORIEのHもなかった。“A 90-Day Boat Trip to S.F.—Alone”の見出しで、“Kenichi Horie arrived without passport”と報じ、二面で、“Japan Sailor's Pacific Saga”と航海を詳しく報じていた。その取調べの中で堀江の説明を聞くうちに“Coast Guardsmen were moved to considerable admiration by Horie,s unique feat.”とコーストガードの評価を紹介している。

それほどアメリカのジャーナリズムはいい加減ではない。その後アメリカは官民あげて堀江青年のチャレンジ精神の偉大さを称賛し大歓迎をしていったのである。現に現在に至ってもサンフランシスコ・マリタイム・ミュージアムではベニヤ合板のマーメイド号を永久展示して日本の若者の勇気を称えている。

そしてこの堀江青年の成功が日本人に与えた影響は計り知れないものがあったことは誰もが認めるところであると思う。多くの米国や南米にいた日系一世、二世の人々が勇気付けられたことも事実であった。たとえ石原が言うようにゴーストライター村島健一の堀江に対する怒りや、弟裕次郎との映画化の交渉を巡る金銭的なトラブルがあったとしても、堀江謙一云々はヨットマンとして石原の器量が問われるものであろう。

74年、堀江謙一が、ヨットによる単独の無寄港世界一周に275日と13時間10分の新記録で成功した。この時も石原はこれをウソだと公言した。「あれは単なる詐欺。どこかに隠れていて、世界一周旅行したと言って姿を現わしただけなんだ。アノ程度の男に単独無寄港で世界一周できるわけがない」とヨット仲間の間で疑問視する声に呼応するかのように週刊「プレイボーイ」誌（75年11月25日号）で、「あんなヨットではとても275日余で世界一周はできるとは信じられない。ヨット仲間の常識からいってウソなんだ。絶対やっていないよ」と捏造《ねつぞう》説を煽《あお》った。「ぼくにとって堀江君は、ヨット仲間として共に笑い、共に泣ける相手ではない」と、影響力のある石原の言葉だけに航海捏造説の非難は勢いづき、疑問、誹謗中傷の声が続いた。

何も、証明するため、言い訳をするために単独無寄港の航海をしたのではないという腹立たしい思いがあった。だが、堀江には客観的な証拠があった。ホーン岬沖で出会い写真を撮った船を探した。正体はわからなかったが、あの時、確かにこちらが手を振ると相手もこちらの写真を撮っていた。船名は「ヒーロー（HERO）」と読めた。

方々《ほうぼう》のヨットクラブに問い合わせたが、皆目返事はなかった。

偶然読んでいたデビット・ルイス著『アイス・バード』の記述に「ヒーロー」を見つけた。堀江が撮った写真の「ヒーロー」だった。78年12月、堀江謙一から調査を依頼されていた日本外洋帆走協会の大儀見薫のもとに1枚のコピーが送られてきた。ナショナル・ジオグラフィック所属の調査船「ヒーロー」の航海日誌のコピー。広報部長ジャック・レニリーからだった。「74年1月5日12時、右舷直角にホーン岬が位置した。小さなヨットが近づいてきた。舷側にMermaidⅢの文字が見えた」と書かれていた。その後、「ヒーロー」の乗組員が撮影したホーン岬沖で荒波と格闘する堀江謙一のヨットの写真も公開され、堀江の航海日誌の1月5日、時刻、状況とピタリと一致した。堀江謙一の航海が紛れもない事実であることが証明された。この時も、石原慎太郎は訂正しなかったし、堀江謙一に対し謝罪の一言もしなかった。

本多勝一が言っているようにヨットをめぐる石原慎太郎を一言で要約すれば、〝本格的な冒険航海ができない小心者の卑劣な嫉妬心に尽きる〟ように思えた。

だが、石原が堀江を知っての上の批判だったかどうかは知る由もないが、石原がここまで堀江を批判する理由は江藤淳と旧制湘南中学校以来の生涯の盟友ならばこそ解《わか》る気もする。先に記したように江藤淳は62年の8月、特派記者としてサンフランシスコで堀江を取材し、「人間堀江謙一」を週刊朝日（9月20日号）にレポートしている。弱冠30歳の若い文芸評論家であったが、鋭い観察力を持っていた江藤のレポートを通して石原は堀江を知ることになったのだろう。そこには石原が想像した、いや期待した青年はいなかった。一転して堀江という人物に好感が持てなくなり、嫌悪感すら持つようになっていった。その上、その後の堀江の人生は、江藤淳が心配したような英雄堀江青年の人生でもなかった。その堀江の輝かしい航海士としての人生を石原は望みたくなかったのだろう。

都知事、政治家としての石原慎太郎には時には多々拍手を送りたく思うこともある。危機管理の欠如、リーダーシップなき国民不在の政治等にあって、この人に最後のご奉公を願ってみたいと思うこともある。この期に及んであり得ないことだと思うが、もし、未だに堀江謙一に対して反論があるならば現代において世界のヒーローになれるほどの航海をやっていただきたいものである。

現代こそ50年前の堀江青年のように巨大な大自然に孤独で立ち向かって押しつぶされない神経と強靭な意志を持った若者が求められている時もあるまい。

作家、ヨットマンをとうの昔に卒業した政治家、たちあがれ日本・憂国の士なればこそ、今こそ、人間堀江謙一はともかく堀江青年の功績を認めてもよいのではないか。

いつの時代もヒーローは世間を騙して誕生しない。ヒーローはヒーローなのである。

▼日米友好の航海

あの堀江青年も1998年の秋60歳になろうとしていた。普通のサラリーマンが定年を迎える年になっていたが航海に対する情熱は相変わらず旺盛であった。ロビンソン・クルーソーが筏で流されたように一度は筏で太平洋を渡ってみたいと思っていた。筏は船舶の類に入らず漂流物の扱い、漂流物での出国はあり得なかった。当然パスポートの発給もあり得なかった。

支援のサントリーからヒントを得ていた。サントリー社長佐治信忠（当時副社長）は堀江謙一と関西出身同士で気心が通じ合った。もともと創業者で祖父の鳥居信治郎が社訓としたチャレンジ精神「やってみなはれ」を父佐治敬三から叩き込まれていた。

堀江謙一の止まることを知らないチャレンジに共感していた。

ある時、ソーラー・ボートで太平洋を横断する話を聞くに及んで、堀江に自分が挑戦してきたビール事業「MALT'S」のチャレンジ精神とダブるものを感じ支援の申し出をした。オーナー企業にあっては経営者（社長）の意向は即、社の意向であった。こうしてソーラー・ボートのアルミ缶リサイクル・ボート「MALT'S マーメイド号」の航海が行なわれ、2度目の支援「MALT'S マーメイドⅡ号」の航海となっていた。

創業者の鳥居信治郎以来サントリーのDNAはしっかりと受け継がれていた。

明治32（1899）年ぶどう酒の製造販売を始めた信治郎は、洋酒一筋にやってきたかというと、決してそうではなかった。大正15（1925）年に愛煙家用の半練歯磨「スモカ」を、昭和3（1928）年には濃厚ソース「トリスソース」をそれぞれ製造・発売している。次いで、昭和5（1930）年「オラガビール」「トリス胡椒」、6年（1931）年には「トリス紅茶」を製造・発売するといった具合にいろいろな方面に手を出している。その後、食品業の領域を越えて出版、石油事業や制ガン剤開発はおろか兜町にまで進出、また富士ゼロックスと複写機の販売会社を設立したりしている。それはサントリーのDNAであって洋酒に陰りが出た頃には飲料、食品メーカーとして変身し、今日では健康食品会社としても大きく成功している。広告の鬼として広告一筋に発展してきた我が電通のように時代の変革においそれと舵を切れない会社とは比べモノにならないくらい変わり身が早かった。

生ビールの樽を繋いだ船、筏のイメージに近づいてきたではないか。堀江は「生ビールの樽で船ができないか？」と、ヨットデザイナーの林賢之輔に相談をした。過去に2度ばかり堀江謙一の船を手がけたことがあり、林はさして驚かなかったが思案に暮れた。

筏のイメージと安全性を考慮しカタマランの形状になった。

今度は建造を引き受けた鈴木造船（四日市市）も初めてのことで試行錯誤の作業になった。できあがった船が海に浮かぶまで自信はなかった。

528個の「MALT'S」のビア樽（ステンレススチール）でできた船体、ペットボトルのリサイクル材でできたキャビンとセールに風を受けて走る「MALT'S マーメイドⅡ号」の航海。前回の航海同様、資源の有効利用と環境保全をテーマとした「20世紀最後の太平洋ひとりぼっち」の航海となった。

そして20世紀最後の航海は次世紀を担う子ども達にメッセージを残す企画となっていった。少しでも子ども達が夢や希望を持って何事にもチャレンジする人間に育ってくれればと願う堀江謙一の小さな願いとして子ども達に訴えた。

この願いはNTTのマルチメディア推進部の協力によってサンフランシスコと日本、ホノルルと日本の小中学校をそれぞれISDN回線で結んで行なうテレビ課外授業となった。

サンフランシスコではグレッタ&アル（Gretta & Al）夫妻、ハワイではシェリー&ダッグ（Sherry & Doug）夫妻が極めて早い段階からプロジェクトに参加してくれた。彼らは「海星号」の航海以来の友人で、グレッタ&アルには「MALT'S マーメイド号」の航海でも大いに助けてもらっていた。特に、グレッタは、レジェンド・ケンイチ・ホリエの米国のＰＲアタッシェを誇りに思っていた。

シェリー&ダッグ夫妻もそろって素晴らしいヨットマンであった。86年、堀江の縦廻り世界一周の航海で堀江はワイキキ入港を前にして立ち往生していた。サンノゼの山本善から緊急連絡を受け日曜日の夜にもかかわらず堀江艇をエスコートしてワイキキに入港させた縁もあり堀江とは旧知の仲であった。

シェリーはベテランスキッパー、癌の手術を受け退院直後だったがその素振りもみせず7年振りに私をワイキキのヨットクラブに迎えてくれた。

シェリー&ダッグはハワイ・ヨットクラブ（ＨＹＣ）のコモドアのボブ（Robert Heidrich）に、グレッタ&アルはサンフランシスコ・ヨットクラブ（ＳＦＹＣ）のコモドアのテリーとバイスコモドアのミッチィ（Commodore Terence McLoughlin & Vice Commodore Mitchell Wilk）に引き合わせてくれた。

97年の8月エクアドルからの帰国の途中、はじめて名門サンフランシスコ・ヨットクラブをベルベデアに訪ねた。ハイソなヨットクラブのコモドアとバイスコモドアにとっては私がエイリアンのように思えた。二人は私と少々距離を置いたが、グレッタ&アルの説明に彼らが心を開くのにそれほど時間はかからなかった。ハワイのクラブは堀江謙一が92年の足こぎボートの航海の時のホストクラブであったこともあり、そのうえメンバーのダッグ夫妻の紹介でもあったため話は早かった。

そして両クラブはこの航海企画に全面的に賛同し最大級の協力を約束してくれた。航海につきものの遭難対策として米国沿岸警備隊（USCG）と海上保安庁の全面的支援を取り付けた。

ハワイ・ホノルルの政庁舎の9階、米国沿岸警備隊のコマンダー、ジム・アンガート（Jim Angert）は心優しいジェントルマンであった。何事も事前に計画を知らせておくことが肝要で、彼も快く航海を見守ってくれることを約束してくれた。

広大な太平洋、米国沿岸警備隊がカバーする海域は広い。もし何か事が起こった場合、米国沿岸警備隊に救助を求める以外には手段がなかった。膨大な米国の税金を使うことになることもあるため外務省北米一課にも事情説明のため何度か足を運び理解を得た。結果、浦林課長補佐は出先の在サンフランシスコ、在ホノルル日本総領事に支援の要請を出した。

田中均サンフランシスコ総領事、小川郷太郎ホノルル総領事主催の各公邸でのレセプション、両総領事は日本国を代表してアメリカの面々に丁重なるお礼のあいさつをした。

日本国政府も支援する Kenichi Horie の航海、両ヨットクラブのメンバーも支援し甲斐があると協力に力が入った。日米友好の航海は順風満帆《じゅんぷうまんぱん》の船出をした。

▼安い授業料

サンフランシスコのある雨の朝、日本ではまず起こり得ないことが起こった。休日前の金曜日のためか総領事館のあるフェアモントビルの駐車場は満杯であった。田中総領事との約束の時間が迫っていたため路上駐車をした。なぜかパーキングメーターは30分用であった。何かイヤな予感がしたが22階にある総領事館へ急いだ。30分を過ぎたところで総領事室を辞し延長のためパーキングメーターを目指したが、場所を間違えたのか？　そこには駐車したはずのレンタカーが跡形もなく消えていた。キツネにつままれた感じであったが、場所は間違いなかった。

ただ冷たい雨が無常に降りつづけているだけだった。ロサンゼルス行きの飛行機の出発の時間も迫っていた。トウ（牽引）された時の違反キップもなく一瞬盗難にあったのではとパニックに陥ったが、山下副領事の懸命の調べで車がトウされ警察に保管されていることが分かった。

トラック・オンリーのところに駐車したことが警察にレポートされた。

レンタカーであろうが、雨にもかかわらず即刻容赦なく牽引された。１３０ドルの罰金で無罪放免になったが、アメリカでは途方もなく高い駐車料金となった。車が見つかって一安心、本当のところ肝を冷やす思いであった。

このトウ事件は私にとって初めての経験で山下副領事の協力がなかったとしたら解決不可能な一大事件であった。日本国総領事館はそれなりにアメリカで外交的威力を発揮していた。

交通警察の窓口には私と同じ違反者達が行列を作っていた。アメリカ人にとってそれほど珍しくない日常的なことなのだろうが、その国の事情を知らない外国人の私を捕まえるなんて、何でそこまでしてくれるのだと怒り心頭だった。警察にしてみればレンタカーの借主が外国人だと気付くはずもなかったのだが、サンフランシスコ市の観光政策に大きな不満をいだき市長に直訴したい気持ちだった。

だが何事も経験は金なり。アクシデント、困難を何とか自分なりに解決することによってアメリカが自分にとって、もっともっと身近なものになっていった。

アメリカに初めてやって来た頃は小さな子どもや、道路工事現場の労働者がペラペラと流暢に英語を話しているのを見て、英語が話せない自分はすっかり自信を失い、アメリカ人がみんな英語が話せる偉い人に見えたものだった。

難なく処理をしたと言いたいところだったが、何せ初めてのことで気も動転していた。その時も、警察署ではみんなベラベラと流暢に英語を喋っている偉いポリスさんに見えた。タダでさえ自信喪失のうえ、そわそわと挙動不審とあっては危ない、危ない。四苦八苦の末、何とか窓口で罰金を支払い、車を受け取った私はその足で空港にとって返した。

その間、山下副領事はハラハラしながら玄関で私を待ちつづけてくれていた。その頃には雨も上がり、いつものカリフォルニアの青空が戻っていた。時間はぎりぎりであったが予定に遅れることなく私はロサンゼルスへと機上の人となっていた。

失敗は成功の母なり。数時間前の自分は消え失せ、なぜか気分は上々、満足感でみたされていた。

私はアメリカ（カリフォルニアのほんの一部だが）で日本とまったく同じように車を運転することができた。サンフランシスコ、ロサンゼルス、サンディエゴとどこへでも自由に行けた。何度か事故に遭い違反もした。何度もポリスに捕まったが、その都度、何とか切り抜けてきたことが大きな自信となって生きていた。人間の住んでいる世界はどこもみな同じなのだと、私は思えるようになっていた。それは少しずつカルチャーギャップがなくなっていった証でもあったが、それと引き換えに私から感動、感激する能力が衰えていった。行きつくところはアメリカも日本もみな同じということになったとしても、私は罰金の130ドルに代えられない大変貴重な経験をした。それは経験したくてもなかなか経験できることではなかった。

130ドルのペナルティーは痛くもあったが、アメリカをもっと知ることができた安い授業料であった。

ある時、タスマニア警察からe‐メールが届いた。お前は何時《いつ》、何処々々《どこどこ》でスピード違反をしたから100豪ドルを支払えとあった。

カードで支払の処理をしたら、"Congratulation! Your payment was successful"と返信が来た。この時も罰金を払ってなぜか気分は爽快だった。タスマニア警察の粋な返信にウキウキした。

このように私の場合は頭でなく体で会得していくタイプの典型的なアナログ人間、そのため人のハートに触れながら物事を進めていかなければならなかった。

今や時代はコンピュータ時代、デジタル時代ともいわれるが、その頃のアナログ人間の私に限っていえばe‐メールや電話ではまだまだ自分の意思を十分伝えるのに事足りなかった。経験が次の可能性を生んでくれるように、素朴ながら全ては Face to Face でないと意思を充分に伝えることができなかった。相手の目を見ながら話をしなければ何事もうまく運ばなかった。青い目も黒い目も同じであった。サンフランシスコ・ヨットクラブ、サンフランシスコ・マリタイム・ミュージアム、ハワイ・ヨットクラブ、米国沿岸警備隊、CNN（SF）にはエクアドルからの帰国途中も含め、機会を捉えては足を運んだ。

海上保安庁・3管本部・5管本部・神戸保安部、外務省・サンフランシスコ日本総領事館・ホノルル日本総領事館、検疫所、入国管理事務所、税関、NTT、東海大学、朝日新聞社、明石市役所、本州四国連絡架橋公団などと、航海への協力、支援を得るため足を運び連絡を密にとった。各機関の協力、理解があって初めて航海が成功するのである。

帰港着岸地として明石市から市制80周年記念の熱いラブコールがあった。白髭課長の笑顔に「ノー」という返事は返せなかった。

▼再会

「MALT'S マーメイドⅡ号」の航海は堀江謙一にとって大変意義深い航海になった。思いがけない37年振りの二つの再会が待っていた。

37年前の5月12日（日）、サンフランシスコ湾で最初にQフラッグ（イエローフラッグ、検疫を要請する旗）を掲げていた「マーメイド号」を発見してコーストガードまで案内したくれたビル・フィッシャー（William R. Fisher 当時48歳）とハリー・ジェイコブ（Harry Jacobs 当時48歳）、そして人生の恩人、元サンフランシスコ市長のジョージ・クリストファーであった。

8月の晴れた日曜日の昼下がり、No Passport で密かに西宮から出航して94日目だった。23歳の堀江青年は太平洋横断に成功、サンフランシスコのゴールデン・ゲート・ブリッジに到着した。

赤褐色のゴールデン・ゲートを見上げる青年はその大きさに度肝を抜かれた。そして、小さな「マーメイド号」は吸い込まれるようにサンフランシスコ湾に導かれていった。

ビューティフル・サンデー、カリフォルニアの空はどこまでも青かった。まぶしかった。日本の新たな夜明けが始まろうとしていた。ビルも、市長も、総領事も、そして日系人たちも、誰もがまさかそのようなことが起ころうとは夢にも思っていなかった。

感無量、思わず「お母ちゃん、ぼく、きたんやで！」と叫んでいた。

自らの運命を知ることもなく No Passport, No Money, No English の堀江青年は次の瞬間どうしていいものかと立ち往生。初めて見る風景に、豪華なヨットに圧倒されるばかり。スケールがちがった。

「Marybeth 号」のビルとハリーの二人はいつものようにサンデーヨッティングを楽しんでいた。橋の手前で小さなヨットが彼らの目を引いた。そのあたりでは見かけないあまりにも貧相な小さなヨットであった。メキシコかカナダからやって来たヨットと思い、やり過ごそうとした。その時、チラリと黄色いフラッグが目に入った。ビルは検疫要請のフラッグを見逃さなかった。イエローフラッグを見てヨットの前に廻りこんだ。今にも壊れそうなヨット、東洋系の青年が何か助けを求めていた。

“Where are you from?”「フ・ロ・ム／オ・オ・サ・カ／ジャ・パ・ン」と聞いて驚いた。まさかこんなヨットで？　今にも壊れそうで貧弱な小さなヨットで太平洋を渡るなんて！　信じられなかった。

“How long have you been?” 94日の航海と聞いてまた驚いた。堀江青年の肩まで茫々《ぼうぼう》に伸びた髪の毛を見てヒョットしてこの青年は本当に？　と思った。髪の毛には弱かった。彼ら二人は青年の頭を大変羨ましく思った。帽子をとったビルとハリーの頭にはその当時すでに髪の毛らしきものはなかった。

No Money, No English はともかく “No Passport” に驚いた。この青年はどえらいことをしでかしたと思った。〝えらいこった〟平和な日曜日はエキサイティングな日曜日の午後となっていった。走らないヨタヨタの「マーメイド号」を何とか検疫船に渡し、検疫船からコーストガードを呼んでもらった。テレビ局（ＫＧＯ―ＴＶ）勤務のハリーは16ミリカメラを回し続けた。急いで第一報を局に入れた。

また信じられないことが起こった。明けて翌月曜日の午後、昨日のあの青年は一躍ヒーローになっていた。市長は青年に「市の鍵」を贈り青年の勇気を称えていた。二人にとって、あの青年はもはや手の届かない遠い存在になっていた。そのためそれ以来、彼らは堀江青年と37年間二度と会うことはなかった。

ヨットクラブの会報誌「The Bulletin」を見てメンバーのビル・フィッシャーは驚き興奮した。遠い記憶の彼方にあった Kenichi Horie がサンフランシスコにやって来る！ 翌１９９９年3月、Kenichi Horie がＳＦＹＣから日本へ向けて新たな航海をすると会報は報じていた。そこにはヨットクラブの幹部と Kenichi Horie らしい人物がほほ笑んでいた。

37年前の忘れもしないあの日曜日の出来事を昨日のことのように思い出すのに時間はかからなかった。彼は病床の友人ハリーのことを思い、当時の航海日誌を付けて Horie 発見の様子をヨットクラブに手紙で知らせた。

37年の歳月は体力的には変化をもたらしたが、記憶は48歳の壮年の日のビルにもどっていた。大男のビルの足元はちょっと弱く不安定であったが、未だ壮健で車を走らせた。

Kenichi Horieとの再会を喜んだ。

ビルは私を見るなり“Good See You Again”と、感激を新たにした。ビルは私を Kenichi Horie と思った。そういえば会報誌の写真を見れば Kenichi Horie は私であった。勘違いするのも無理はなかった。以来、私（ケン・ドタ）とビルは親友である。

ビルのお目当てはバースで出航準備に勤しんでいた。ビルは夫人を伴って、何度も何度もヨットクラブにヒーローを訪ねた。堀江謙一壮行パーティでマーメイド号発見の様子を生き生きと披露してくれた。一方、病床のハリー・ジェイコブは Kenichi Horie との再会を待っていたかのように、再会直後に天に召されて逝った。

ビルは2012年現在、98歳、マリンカウンティのポイント・リッチモンド（Pt.Richmond）に壮健である（実際には64年堀江はビルの「Marybeth」でサウサリートヨットレースに参加していた。ビルは私にその時のログブック［航海日誌］と写真を見せてくれたが、堀江にとって、それは記憶の彼方になっていた）。

▼ジョージ・クリストファー市長の秘話

そしてコモドア・レイ・レント（Ray Lent）をはじめ多くのメンバーが駆けつけてくれたサンフランシスコ・ヨットクラブ主催の出航式、その中に一際《ひときわ》高齢ではあったが矍鑠《かくしゃく》とした紳士の姿があった。

堀江謙一の最大の恩人である当時のサンフランシスコ市長であったジョージ・クリストファー（George Christopher 91歳）その人であった。

彼は当時の思い出として、「市の鍵」の授与にドワイト・D・アイゼンハワー元大統領（Dwight David Eisenhower 1890～1969）も関わった秘話（Secret History）を披露してくれた。

堀江青年の成功のかげにアメリカのマスコミと官憲が好意的であったと言われていたが、事が事だけにそうすんなり運んだわけではなかった。アメリカは日本と違って冒険や、ヨット、航海に理

ジョージ・クリストファー元SF市長

解があるとよく言われるが、確かに現場のコーストガード（実は商船パイオニア・ミンクス号からの知らせで7月24日には小さなヨット「マーメイド号が」サンフランシスコに向かっていることを知らされていた）のオフィサーたちは、半信半疑であったが堀江の話を聞くうちに同じ海の男として堀江青年を凄いことをした青年、素晴らしい航海者と敬意を払うようになっていた。だが法を犯したことには間違いなく管轄の移民局に引き渡した。日曜日の移民局はこの密入国者に対して厳罰をもって臨んでいいものかと思案し、保健局、日本国総領事館と協議した後、その当日は総領事館保護預かりにして月曜日を待った。

この大騒動ともいえる密航者の処遇は24時間であっと言う間に思わぬ結末を迎えることになった。このあたりが日本と大きく違っていた。

翌朝の各紙「サンフランシスコ・クロニクル」「サンフランシスコ・エグザミナー」「ニューズ・コール・ブレティン」はソビエトの有人人工衛星ボストーク3号、4号のランデブー成功があったにもかかわらずこの厄介者をフロントページで大きく、しかも好意的に扱っていた。その頃、移民局長のウォルトン（(Ralph Holton）も信じがたい訪問者を強制送還すべきものかと思案し、決断の時を迎えていた。そこに大きな助っ人が現われた。市長のジョージ・クリストファーだった。ギリシャ移民の子としてサンフランシスコ市長にまでなった彼は貧乏国日本の青年の気持ちが痛いほどわかった。「Kenichi Horie はまだ何人も成し遂げたことのなかった太平洋を独りで最初に渡りたかっただけだ」。立場を超え前人未到の航海（The first man in history to make a non-stop solo crossing of the Pacific Ocean）がどれほど素晴らしいことかと思えた。無謀としか思えない青年の勇気を称えたいと思った。

この時、堀江青年は強制送還され二度とアメリカに行けなくなっても仕方ないと思っていた。自分は自分の価値観でやりたいことをやり遂げた。社会的に抹殺されてもかまわないと思っていた。子どもがオモチャを欲しがるように、ごく自然にアメリカに航海《いき》たいという情熱が勝ってしまった。もともと反社会的なことをするのが目的ではなかった。旅行代理店でアルバイトをしながらパスポートの発給をさぐった。だがパスポートの発給はあり得なかった。

堀江がパスポートを持たず、ヨットで太平洋を渡りたいと聞いて、アルバイト先の上司の矢加部三千雄（当時35歳）は「アメリカは日本と違って意外とドライで大丈夫だよ」と何気なく気軽にこたえた。

堀江にとって矢加部の返事はパスポートに勝る返事だった。

一方、まさかそのようなことをしでかすとは夢にも思っていなかった矢加部は、すっかり忘れていた。ある日、テレビを見ていた矢加部はびっくり仰天した。〝堀江青年サンフランシスコに着く〟

とニュースは報じていた。

新聞を穴のあくほど読み返した。まちがいなくあの堀江青年であった。

サンフランシスコに着いてみれば矢加部が言ったように意外と官憲、マスコミは好意的に思えた。

ジョン万次郎だってパスポートを持っていなかった。ひょっとして滞在が許されるのではないかと思った。記者会見では、「開拓者精神の国にやってきました。許可されれば2年間滞在して英語を勉強し、アメリカを知りたい」と、堂々と言い放った。

「マーメイド号」がゴールデン・ゲート・ブリッジの南端の橋桁を通過したのが午後2時、移民局から市長の耳にこの知らせが入ったのが夕刻であった。日曜の夕刻にもかかわらず市長のとった処置は素早かった。

翌日月曜の午後には「市の鍵」（さすがに本物の鍵は間に合わなく段ボールの厚紙でできたかなり大きな、長さ60㎝位の鍵）を Kenichi Horie に渡していた。日本では考えられないほどの早さであった。市長は同じ共和党のドワイト・D・アイゼンハワー元大統領（第34代、在１９５３～61年）と親しく何でも相談できた。元大統領は彼の電話に「君の思うようにやったほうが良い。日本の若者のために、それはきっと日本国民のためになるだろう……」と心強いアドバイスを与えた。

市長は朝一番でウォルトン移民局長へ意向を伝えた。強制送還のサインをしてしまった後では罪人を名誉市民にするわけにはいかない。時間との競争であった。

堀江青年は正午すぎ領事に伴われ移民局に出頭した。

強制送還になる覚悟はできていた。青年はまな板の鯉の心境であった。

移民局長は出頭してきた堀江青年に「おめでとう。君は何という勇敢な青年であろう。君は日本人の誇りだ」と称え、総領事館保護観察の形で1カ月の滞在を許可した。異例の措置であった。それ以上に「もし望むのであれば6カ月の滞在も可能である」と寛大な処置を言い渡した。

この時点でも、日本の総領事館は本国の海上保安庁の要請を最優先し、この厄介者の即刻の帰国を望み、法の裁きを受けさせるべきと思っていた。

お膳立てを整えた市長は山中俊夫総領事へ電話を入れた。「なぜ君のところの珍客は私のところに来ないのかね？　ワッハッハ」と。

市長の思いがけない決断に詰め寄る記者達、「パスポートを持っていなかったコロンブスが逮捕され強制送還されていたら今日のアメリカはなかったではないか」と自信に満ちた市長の前に彼らは返す言葉を持たなかった。そして記者達もサンフランシスコ市の友人、NOパスポートの単独無寄港太平洋横断の堀江青年を称賛することになった。リンドバーグ級のヒーローがここに誕生したのであった。

なおも総領事は至急の帰国を望み刑罰（1年服役か10万円の罰金［当時の公務員の月給1万6500円］）を受けるべきと考えていた。そのような総領事に市長は「我々アメリカ人にしても、初めは英国の法律を侵したわけだが、もしメイフラワー号の清教徒が出国するに当たり、許可を待っていたら未だ公海上を漂っていただろう。その開拓者精神と堀江青年は通ずるものがある。通常は法の下で処罰されるものでも、それがとてつもなく素晴らしいものであれば別の対処法がある」と諭すように言った。この時ばかりは総領事も頭が下がる思いであった。移民局には堀江青年の留学を援助したい旨の電話や電報が全米から100通以上も殺到。フリラブ次長も「堀江君こそ米国が欲しい人物。希望があれば入国を認めるため全力を尽くしたい。議会の特別措置をとることも難しくない」と同情的だった。

「きみ、たった1トンのヨットで太平洋を横断する勇気があるかい?」サンフランシスコでは、道で人に会うとこんなあいさつをかわすくらいになっていた。

堀江の報に翌日サンフランシスコに飛んだ開局間もない毎日放送ニューヨーク支局の中川利雄(当時32歳)はマーメイド号を見て「よくも成功できたものだ」と驚いた。ベニヤ合板の小さなヨット、装備も貧弱に見えた。ヨットの持ち主は鼻持ちならぬ小生意気な青年、無謀な冒険に思えたと当時を振り返るが、米国の冒険者に対する扱いと日本総領事館の考え方に大きな隔たりを感じた。

▼日系アメリカ人の歓喜

もちろん、地元日系人たちの思いはひとしおで日本人の快挙、日本人の誉れと鼻高々であった。「凄い奴だ、よくやってくれた」二世のボブ・イノウエ(当時30歳)、レストランヤマトのバーテンダーのレイモンド・タモリ(当時29歳)は涙を流さんばかりに喜んだことを今でも忘れていなかった。

堀江は自分たちと少しも変わらないどこにでもいる普通の日本の青年だった。

戦前、〝Ｊａｐ（ジャップ）〟と呼ばれ、ひどい民族差別と偏見に苦しんでいた移民一世と二世の日系アメリカ人。低賃金で働く勤勉さと凄まじい生活力、稼いだ金を故国に仕送りし、ゲットーにも近い閉鎖的コミュニティ（ジャパニーズ・タウン）の中で生活した。地元経済に貢献しないが故にアメリカ人から疎まれた。

日本育ちの二世の関野菊代（98歳）はサンフランシスコの夫のもとに嫁いできた当時、街角で友人に「ドント・スピーク・ジャパニーズ」と注意されたことを今でもよく覚えている。そして太平洋戦争勃発とともに市民権を得ていたにもかかわらず敵性外国人として全財産を失い荒野の強制収容所（トゥーリーレイク）に収容され自由をうばわれた。草木が一本も生えておらず風が吹けば、その埃で一寸先が見えなくなった。住居棟は馬小屋か掘立小屋と思えるほど粗末であった。

日本政府は米国居住30万の日系人をパール・ハーバーの奇襲爆撃によって見捨てたのだった。１９８８年、強制収容所収監を間違いと非を認め謝罪と賠償までも行なったアメリカ政府と違い、同胞を見捨てたことに対し日本政府と我々日本国民は反省すらしていないことを肝に銘じて恥ずべきだと思う。北朝鮮拉致にしても明らかであり、イラクでの邦人拉致においても首相自ら自己責任と迷惑千万と言わんばかりに同胞を見捨てる国民性は脈々と現在でも我々日本人の中に生き続けているのである。

アメリカに裏切られ、故国日本からも見捨てられ、強制収容所では意識、価値観のズレ、そしておかれた立場の違いからさまざまな問題が生じた。アメリカ軍への徴兵、国家への忠誠を問われ、日系人は苦渋の選択を迫られた。互いにいがみ合い分裂し今日まで心の奥底に修復しがたい傷跡を残すことになった。

一部であったが二世が立ちあがった。「今、ここで志願して自分たちを証明しなければ日系人の将来はない。それは僕たちのせいになる。生きて帰れないかもしれないが、それでもやらなければならない」と家族の名誉、将来のためアメリカに忠誠を誓い軍隊に志願した。中には祖国日本を裏切る者として親に勘当された者もいた。第100大隊（ワン・プカ・プカ）に続けとハワイ日系二世志願兵（募集1000人に対して1万人の応募があった）を中心に本土二世とで編成された日系二世部隊442連隊戦闘団（フォー・フォーティ・セコンド、ハワイ2600人、本土800人）。

Go For Broke！（当たって砕けろ！）を合言葉に星条旗のため、アンクル・サム（アメリカ合衆国を擬人化した架空の人物 Uncle Sam は、United States とイニシャルが同じため、アメリカ合衆国のシンボルとされる）のために戦った。犠牲を厭《いと》わず日系人の権利、地位向上を目指し地獄のヨーロッパ戦線で戦った史上最強の陸軍部隊。壮絶な戦いの後、町を解放し、ユダヤ人収容所を解放した。そして「失われた大隊」と救出困難を極めたテキサス大隊の救出作戦を成功させた。アメリカ陸軍の誇り、象徴とも言われた部隊の救出はアメリカ軍の中に歓呼の嵐を巻き起こした。

「ジャップと呼ぶな、俺たちはアメリカ陸軍442部隊だ！」多くの犠牲を厭わず戦った活躍にトルーマン大統領（33代アメリカ合衆国大統領）は “You fought not only the enemy, you fought prejudice and you won"（諸君は敵と戦っただけでなく偏見、差別とも戦い勝利した）と称え、自ら帰還兵に叙勲をした。アメリカ陸軍史上初めてのことであった。以後今日まで442（Four Forty Second）は日系人の誇りでありアメリカ陸軍の伝説となった。

日系人が人口の40％を占めていたハワイでは英雄部隊として凱旋し、帰還兵は政府からさまざまな経済的支援を得ることができ、大学で学んだり、ビジネスを始めることができた。その後、経済界だけでなく、司法界、政界へと進出し、日系の連邦議会議員も誕生し日系人の地位は一気に向上していった。だが、本土においては勝利に貢献した英雄たちの輝かしい活躍と目覚ましい勲功があったにもかかわらず差別、偏見は直ぐにはなくならなかった。反日感情の強い西海岸では、日本から受けた戦争被害の恨みなどから今まで以上に酷い差別にさらされることになった。長い間「二級市民」として耐え忍ぶことを余儀なくされ、世論が変化するのは1960年代を俟たなければならなかった。

1962年、公民権運動の高まりの中での堀江青年の成功はタイミングも良かった。

思いもかけぬリンドバーグ級のヒーロー、堀江青年の出現は日系アメリカ人一世、二世にとってこれほど勇気づけられる出来事は今までになかった。想像を絶する出来事だった。暗い過去の記憶を一挙に吹き飛ばす快挙だった。邦字新聞「日米時事」に寄せられた一世の投書には、次のようなものがあった。

「各地の日本人は、堀江青年の一挙一動に深い関心をもっています。私の知る限り北カリフォルニアの日本人が、これほど爽快な思いをしたことは、過去数十年来ありませんでした。このニュースが載っている限り、世界のどこでどんな大事件が起ころうとも、何の関心もありません。どうかもっと堀江青年のことを報道して下さい」（週刊朝日1962年9月20日号）

読んでも、読んでも読み飽きることはなかった。爽快だった。今までの辛酸《しんさん》を嘗《な》めた苦労の多かった過去が一気に吹き飛んでいく思いであった。

だが、一躍ヒーローになった23歳の青年にはヒーローに託された人々の思いを理解しようにも理解し得なかった。堀江青年は日系人会が催してくれた歓迎会の嵐を疎ましくさえ感じていた。それにもかかわらず彼らは、たとえ傷つけられたとしても、堀江青年の冒険をこのうえなく爽快に感じ、祖国へ寄せる万感を堀江青年に託した。日系市民にとって彼は祖国日本の栄光のシンボルであった。

日系市民は堀江青年の勇気を認め称えてくれたクリストファー市長の英断にも感謝した。

そして、アメリカのメディアの大歓迎は読み過ぎてうんざりするほどだったが、日系人に対するアメリカの世論を良い方向に導いていった。

その後、常に442部隊の誇りとともにあったダニエル・イノウエ、マイク・正岡をはじめとした日系議員や日系アメリカ人団体の地道な活動、日系人一世、二世のたゆまぬ努力によって日系人はにわかに「働き者」「清潔好き」「礼儀正しい」「約束を守る」といったように「モデル（模範的）マイノリティ」としてアメリカ社会に受け入れられていった。ちょうど世界は冷戦時代、60年安保により日米同盟関係が更に強化され、敗戦国日本が米国にとって従順なパートナーと認められるようになった時代でもあった。

一方日本では、8月14日、衆議院運輸委員会で超党派の議員が堀江の行動を支持し、運輸大臣と法務大臣に近来にないできごとと寛大な措置を取るよう求めた。マスコミも官憲も手のひらを返すように暴挙から堀江青年の快挙へと風向きが一変した。国会議員の中（福家俊一議員を中心）では帰国の費用をカンパしようという動きまでおこり、運輸大臣（綾部）、法務大臣（中垣）まで金一封を出すことになった（7万5千円集まった）。そして閣僚、一般国民までカンパを呼び掛けることになり国会から堀江青年の快挙を国民に呼びかけることになっていった（マーメイド号に５００ドル・１８０万円の買値がつき、ＮＯマネーに対しても２３００ドルの寄付が寄せられたため帰国費用など必要でなかった。当時東京郊外で１００万円で一軒家を買えた時代であった）。


日本の歴史の一コマとして評価できるほどの「堀江青年、英雄になる」の報に、アイゼンハワー元大統領は「よくやった」と市長を高く評価した。市長はそのことを誇りに思い今日まで自分の胸にしまっていた。

神が引きあわせてくれたような37年振りの再会、91歳の老人の唇をなめらかにしてくれ、歴史的秘話を初めて明らかにしてくれたのだった。

英雄堀江青年誕生はアメリカが日本国民にくれた大きな励ましのプレゼントであったとは、私をはじめ堀江にとっても初めて聞く話であった。当時は何が何だかわからないうちにあっという間にヒーローになり、今日までその真相はわからなかった。37年にして謎が解ける思いがした。サンフランシスコ・ヨットクラブにはボブ・イノウエをはじめ日系二世の人々も応援にかけつけてくれた。遠く祖国をはなれた異国の地において37年前、彼らは堀江青年の航海に勇気付けられた。その思いはどれほどのものであったか計り知れないものであった。

堀江青年のチャレンジが如何に偉大であったか改めて認識させられ、同時にアメリカの懐の広さ、大きさを思い知らされた。

アイゼンハワー元大統領は在任当時、60年日米安保の米側の当事者であった。安保批准のための来日寸前、30万人のデモ隊の反対にあって来日を断念した苦い思い出があった。それにもかかわらず、暖かいアドバイスであった。日本人だったら果たしてそのようなことができただろうか。

軍人大統領であったが、1956年、ピース・トゥ・ピープル運動を提唱し国際姉妹都市提携をすすめるような平和的な大統領でもあった。

ダグラス・マッカーサー元帥（1880～1964年）をはじめ多くのアメリカ人が戦後の日本に影響を与えた。このジョージ・クリストファー市長もその中の一人と我々日本人は永遠の記憶として留めなければならない。残念なことにこの事実ははじめて明かされ日本では知る人はいない。堀江青年の功績に隠れ日本ではほとんど評価されていない。

今からでも遅くない。市長の勇気ある決断に私たち日本人は大きな拍手を送らなければならないと思った。

そして忘れてはならないもうひとつの事実、アルバイト先の上司矢加部の何気なく言った言葉（堀江青年が相当信頼していたことからして私には、矢加部は本心からそう思ってアドバイスしたものと思えるが？）

「アメリカは日本と違って意外とドライで大丈夫だよ」

この一言が堀江青年の背中を押し、思いもよらない結果をもたらすことになった。

恐らく、矢加部は戦後のアメリカの統治下にあった時、そのように感じ取っていたのだろう。びっくり仰天したものの自分の言葉を真に受け、法を犯し、どえらいことをしでかした青年の処遇を心配したが、心の底では「快挙、快挙、やりおった」と誇らしく思った。

もし、歴史が堀江謙一の再評価を許すなら、矢加部のひと言は大いなる夢を抱いて飛びだそうとしていた青年の決断を促し、とんでもない一歩を踏み出させた言葉として、我々は記憶に留めなければならない。

私は当時の若者の一人としてこの事実に惜しみない拍手を贈りたいと思った。

第3章

PRの醍醐味

EDICION FINAL

EL UNIVERSO

Santiago de Guayaquil, Ecuador ■ AÑO 75 ■ Nº 188

EL MAYOR DIARIO NACIONAL

21 de marzo de 1996 ■ 4 Sec

Una idea que viene a tiempo es más fuerte que todos los ejércitos del mundo.
VICTOR HUGO

PRIMERA 6

Taiwan quiere una sola China
Autoridades se pronuncian por el futuro del país libre y democrático.

PRIMERA 12

José Alvarado EL UNIVERSO

Partió navegante solitario

■ SALINAS.– El Capitán japonés, Kenichi Horie, zarpó ayer en su bote solar, desde este balneario ecuatoriano hacia Tokio, Japón. La travesía durará aproximadamente 4 meses, lapso que permanecerá completamente solo en alta mar.
(Inf. Pág. 5 de Actualidad)

Central contr
Bco. Continen

El Banco Central asumió desde ayer el control operativo del Banco Continental y sus demás subsidiarias, luego que la Junta Monetaria le autorizó la concesión de un crédito subordinado por 480 mil millones de sucres, equivalentes al 10% de la RMI (Reserva Monetaria Internacional), que servirá para cancelar los dos préstamos de tesorería que le fueron otorgados en diciembre de 1995 y enero de este año.

Con la operación, el Central adquiere el 100% de las acciones del Banco y de las empresas que forman parte del Grupo Financiero Conticorp, incluyendo al Banco Continental Curazao, las cuales serán depositadas en un fondo de fideicomiso. Adicionalmente, se restructurará el directorio del Banco para constituirlo por personalidades apolíticas y representativas de los distintos sectores productivos de las regiones donde opera. No obstante, seguirá presidiendo el directorio, el doctor Leonidas Ortega Trujillo, su actual titular. En los próximos días, el nuevo directorio designará una administración independiente de los accionistas, de acuerdo a un bole-

▼出航

１９９９年３月28日紺碧の空に日の丸の旗がはためいていた。堀江の出航を祝うサンフランシスコ・ヨットクラブ。アメリカの国歌「星条旗 The Star-Spangled Banner」、続いて日本の国歌「君が代」が流れた。

聞き入る人々は胸に大きな右手をあてがっていた。アメリカで「君が代」が流れるなんて私には信じられなかった。アメリカは戦勝国という事実が私の脳裏に未だ以ってあった。私は名門サンフランシスコ・ヨットクラブ（１８６１年創立）にアメリカの国歌と日本の国歌を流すよう頼んだ。何の抵抗もなく彼らは私の提案を受け入れてくれた。

アメリカ人が日本の国歌を真摯に聞き入ってくれていた。汝アメリカ人よ日本を称えよと言っているようであった。我々も日本人というアイデンティティを意識し、国があっての自分を確認するのであった。涙こそ出なかったがジーンと胸に去来するものがあった。世界にはパレスチナ、クルドに代表されるように、国家がないため大変困難な状況下にある人々が大勢いるという中、我々は幸せであった。

なかなか感慨深いものがあると一言に語れるものではない。アメリカ人も、日本人もみな直立不動の姿勢であった。Kenichi Horie を通して互いに相手国に敬意を払うことのできた最高の時間であった。

少なくとも堀江と私には日本人として国家を意識し民間外交を行なっている自負はあった。

エクアドルにあっては野口英世博士以来の出来事であった。エクアドル海軍軍楽隊は1カ月も「君が代」を練習し演奏してくれた。ガラパゴスでは堀江謙一船長岬、MALT,S マーメイド島命名式でのこと、そしてケープ・ホーンでチリ海軍「シバル」の艦上で、地の果ての静寂な海に「君が代」が響き渡った。そしてハワイ・ヨットクラブ主催「ウェーブパワー・ボート」の出航式と、私は海外でのセレモニーで日本の国旗掲揚と国歌斉唱を聞く機会を5度も経験することができた。国を問わず聞き入る人々は最高の敬意を払って臨んでくれた。

感激の度に違いはあるもののジーンと胸に迫るものがあった。日本人が国外で「君が代」を聞くチャンスはオリンピックで金メダルを獲得した時ぐらいではないかと思う。

日本で「君が代」を聞くことはなぜか皇国天皇を意識し抵抗があった。「君が代」と「日の丸」にかなりのわだかまりを持っていた。なぜか国外で君が代を聞く時、日本、国家を意識し感激に浸《ひた》れた。

午前10時、サンフランシスコ・ヨットクラブのテラス。

堀江謙一の思いは誰にも計り知れなかった。日本人としてのアイデンティティを意識した初めての航海から37年を経てその時を迎えていた。

23歳の当時と同じ時間を過ごしたのだろうか。それは誰もが持てない彼だけに許された特別な時間だった。出航をアメリカの人々が祝ってくれている。あの時は到着であった。

37年前の感激も甦り交差した。感極まり、武者震いする Kenichi Horie。多くの激励、祝福を受け離岸の時が来た。祝福のシャンパンが「MALT,S マーメイドⅡ号」にかけられた。

ビューティフル・サンデー！　霧のサンフランシスコ湾は雲一つないカリフォルニア晴れ。

ケン・ドタの小さな旗艦サンフランシスコ・ヨットクラブの「ビクトリー」がサンフランシスコ湾を縦横無尽に走り回った。

ヨットクラブのボードメンバーのモーリス・リーダー、レイチェル夫妻の「チャレンジャー」には田中均総領事夫妻、サントリー牛尾部長、電通局長の松田らが乗船、取材艇「ファイブスター」には日本から駆けつけてくれた山田、山本カメラマン（フリー）らの姿があった。そして自作の船の門出を見届ける鈴木造船の鈴木社長、堀江のボランティアスタッフの大瀧、カメラ担当の塚井、そしてアマチュア無線担当FM長崎専務の田村、サンノゼの山本善の顔もあった。

潮は引き潮、潮はサンフランシスコ湾の外へ、太平洋に向かって大河のように流れていた。

セールが青空に揚がった。すかさず風を受け大きく膨らんだ。

セールにかかれた『MALT,S』の文字がサンフランシスコ湾の空一杯に広がったように見えた。これこそ私が夢にまでみた画であった。

青空に白いセールが映えた。カリフォルニアの風をいっぱいに受けた白いセールが映えた。

豪快なファイアー・ボート（消防艇）の放水に見送られ「MALT,S マーメイドⅡ号」はゴールデン・ゲート・ブリッジを後にした。

両手を高々と上げ別れの挨拶をし堀江謙一は１１５００㎞の大海原にすい込まれていった。

▼PRへの期待

堀江謙一に一転して孤独が訪れたように、エキサイティングな一日が終わりサンフランシスコ・ヨットクラブにいつもの落ち着きがもどっていた。

私に課せられた審判の時が始まった。その先に私の大きなチャレンジの結果が待っていた。どんなに素晴らしいセレモニーでも、どんなに感動的な航海であってもＰＲ（パブリシティー）があって初めて世の人々の知るところとなるのである。新聞やテレビのニュースとして報道されないことには私の成果はゼロである。「ＭＡＬＴ'Ｓマーメイドⅱ号」の航海の成否は主としてパブリシティーにかかっていた。そのために私の存在があった。

パブリシティーは広告と違ってスペースを買って行なえるものでないため絶対の約束事ではない。約束事でない分、私にとっては大きなチャレンジであった。そのため、今回の出航にしても好きな時間に出航すれば良いというのではなかった。

１年前の航海構想記者発表以前にサンフランシスコ湾の潮流を調べ、日本の新聞やＴＶのニュース入稿時間に、原稿やニュース素材が間に合うような、出航にふさわしい日時があるか知っておく必要があった。新聞記事はヨットクラブから原稿を書き写真を添付してパソコンから送稿すればよかったが、ＴＶニュースの場合は編集スタジオまで車で移動の時間、テープの編集作業、衛星回線で送稿する時間等を考慮しなければならなかった。そしてヨットクラブの都合など諸々の条件を計算しながら潮流にうまく乗ってゴールデン・ゲート・ブリッジから太平洋に航《で》て行く時間を割り出した。出航の1年前に自分の期待するPRの結果、その可能性を確認していた。

PRは社会に大きな影響力を与えるパワーをもっている。社会現象やムーブメントの裏に絶対欠かせないのがPRと信じて今日までやってきた。世論形成、IR（投資家向け広報）にもPRは大きな力を発揮している。

私のCR（クリエイティブ―TVCM）、PRの原点は4コマ漫画にあった。商品コンセプト、商品特性、商品ターゲットなどを踏まえてのことだが、起承転結、多くの人がなるほどと共感できた。この共感が世界の人々にも得られたら最高のコミュニケーションと思っていた。

私が初めてこれぞPRと思ったのは、発売当初のカネボウの養毛剤「紫電改」のPRであった。杉浦直樹出演のTVCMのPRであった。もともとカネボウ担当の年下の先輩が漫画家を起用したPRを提案した。漫画家といえども作家先生は企業の提灯持ちは沽券《こけん》にかけてもと断った。クライアントの宣伝課長は怒り狂った。窮し青ざめた先輩へ助け船を出した。CR時代に磨いた4コマ漫画のアイディアを持って漫画界の大御所のサトウサンペイ（夕日君）、佃公彦（ほのぼの君）、園山俊二（花の係長）を訪ねた。TVCMの認知度（70％以上）がなく不採用だったものの佐藤三平はアイディアが面白いと大笑いしてくれた。あきらめずアイディアを持って作家先生詣でを続けた。

怪訝《けげん》顔の先生もアイディアが面白いと顔がほころんだ。大御所に採用された後は先輩の狙い通り多くの作家が「紫電改」のCMを模した漫画を描くようになった。頭髪の薄い時の中曽根首相も登場し、あれよ、あれよという間に話題のCMとなって「紫電改」はヒット商品になっていった。

CMは社長賞を受賞した。宣伝課長も社長に大見えを切っていたのだろう、危機を救った裏方の私は宣伝課長殿からいたく褒められ養毛薬「紫電改」をたくさんもらうことになった。おかげで現在も私の頭は遺伝を遥かに超え黒々している。

共感なくしてCRもPRもなかった。

「スタローン・怒りのアフガン／ホームローン・怒りの兎小屋（映画ランボーⅢ）」

「舌下総理、謝罪の森喜朗／アイムソリー（私は総理）」「総理から引きずりおろせ／森切ろう（森喜朗）」と隠れひとコマ漫画の腕を磨いていった。

だが、当時、私の職場はエクセレント・コミュニケーションを標榜するグローバル・コミュニケーション・カンパニー、時代は次世紀にむけ猛スピードで変わろうとしていた。

話は遡って、戦前、広告代理店は新聞広告をめぐって利権の争奪に明け暮れていた。人材にも恵まれず世間一般からは「広告屋」と軽んじられていた。その代理店を戦後近代的な広告会社に育て上げて広告の鬼と言われた4代目電通社長の吉田秀雄（1903〜63年）、戦後間もなくアメリカ占領政策民主化促進化の中にその重要性を見出してPRを導入した。彼は時代と共に進み、時代感覚をいつも身につけながら広告界の近代化に驀進していった。すでに１９４６（昭和21）年、吉田（当時常務）は社の活動計画のなかで商業放送の実施の次にＰＲ（パブリック・リレーションズ）の導入をうたっていた。１９５０（昭和25）年1月にはＰＲ部を設置し、本格的なＰＲ営業活動を開始していった。その頃、社はまだまだちっぽけな会社で世間にその名は知られていなかった。新聞社への支払い、社員の盆暮れのボーナスも払えないような会社であった。赤坂、銀座の料亭に断わられた話は有名であったが、彼は来たるべき時代の到来を確信して金策と目前に迫った商業放送の実現に日夜奔走していた。戦後職を失った軍人、満鉄職員など優秀な人材を手当たり次第と言っていいくらいに採用していった。自らも「鬼十則」なるものを掲げ自らを鞭打ち実践していた稀代の社長、「広告の鬼」は昭和38年1月に59歳の短くも熱く燃えた生涯を終えた。その年電通の取扱高は６３０億円に達し、１９４7年43歳の社長就任時から比べると実に30倍の数字であった。広告業界シェア26％、社員数３４６９人にのぼり、ここまでこの会社を引っ張ってきたのは、まぎれもなく吉田秀雄であった。その後、後塵を拝するものたちはその財産、遺産、基盤にたってさらに一歩、一歩、社業を築き上げ、今日世間で世界の電通、天下の電通と言われるまでになっている。取扱高1兆３０００億円（現在1兆８０００億円）、時代は大きく様変わりし、また広告界も大きな変革期をむかえていた。

このように50年の歳月を経て、社をとりまくマーケティング・コミュニケーション環境にあってＰＲはすでに過去の遺物になろうとしていた。所属するＰＲ局はその機能は分散され、パワー、専門性の低下を招き、時代の流れに飲みこまれ淘汰されてゆく運命にあった。残念ながら時代は、企業経営環境の激変に伴い企業の広報や経営に関わる課題解決のコーポレイト・コミュニケーション（CC）ニーズが高まりつつあったにもかかわらず、PRの強化こそ求められなければならないのになぜか時代の流れに逆行しているように思えた。97年、地球資本市場に捨てられ金融危機に見舞われた韓国は、その信頼を取り戻すためIMFの要求に迅速に対応しさまざまな改革を実行するとともに、米PR会社大手のバーソン・マーステラ社と契約、広報のイロハを教わりながら国家版IR（投資家向け広報）を展開した。

その積極的な情報開示の結果、世界の投資家は戻り韓国株式相場は危機以前の水準を回復するまでになった。

それは国の枠を超えた世界的ニーズでもあった。我が国にあってもCCニーズは高まることはあっても下がることはなかった。組織を崩すことは簡単だが、もう一度復活させるには長い時間と何倍ものエネルギーが必要で、並大抵の覚悟では成し遂げられないのである。しかし一方で、IT（情報技術）革命により情報の世界はデジタル化され、信じられないスピードで変化しており、それに伴い社会もおのずと変化していることを考えると、既存の殻から抜け出せない保守的な私のような人間が、時代の急激な変革についていけなくなっていたのかもしれない。「老兵は去るのみ！」、私のような人間は社会の流れからコースを外れ、取り残されていかざるを得ない運命にあるのかもしれない。バブル経済崩壊後、不良資産を抱え込んだ企業は生き残りをかけ合従連衡を模索し、昨今の企業間の合併によるリストラに伴う人員削減など、企業戦士の心境を思う時、同情を禁じ得ないが、企業も社会も生き物で一つのところに留まることはできない以上、またそれを乗り越えていかなければならないのも事実であった。変化を拒んでいたのでは、会社とその従業員である我々に未来はないのである。変化を拒む保守的な組織や硬直した制度、慣行へのこだわりを捨てて、新しい時代に向かって変化に対応する柔軟さを身につけることこそが大切のようにも思えた。若い人々の変化に対する柔軟さは驚くほどのもので心配ご無用と言っているようであった。いずれにせよそこには、かなりの犠牲を伴い「統合」という言葉がきれいに糊塗されていた。

そのような時代の流れの中、１９９２年のニッポンチャレンジが初めて参加したアメリカズ・カップ、帆船ＭＡＬＴ'Ｓ「海星号の航海」（スペイン・セビリアー～ジャパン・三崎）以来、常に私の目指すところはパブリシティーを中心としたＰＲキャンペーンにあった。おおいなるロマンがあったし、そして思う存分チャレンジすることができた。成果は期待以上のもので誰も私を制す者はなかった。

堀江謙一の航海を支援するサントリー（佐治副社長と若林宣伝事業部長）は私に期待しプロジェクト・プロデューサーとして全てを託してくれていた。

▼アルミ缶リサイクル・ボート

１９９８年エクアドル政府はガラパゴス諸島のバルトラ島の南西の端にある岬を堀江謙一船長

ガラパゴス・イタバカチャネルにて

岬、そしてその岬のすぐ南に位置する小島をMALT'Sマーメイド島と命名した。

この時初めて私は「MALT'Sマーメイド号」の航海が南米エクアドルから全世界にニュース報道されるようにチャレンジを試みた。

環境保全をテーマにビールの空き缶をリサイクルしたソーラー・ボートの航海、アルミ船に情熱を賭ける住友軽金属工業の菅野次郎の協力により世界で初めてのアルミ缶リサイクルで造ったボートの航海が実現した。

菅野は会社の幹部として将来を嘱望されていたが、神は時々気まぐれであった。志半ば彼は志を変更せざるを得なかった。病魔が襲った。

私の会った菅野はビジネスマンとして本当に稀有な人であった。奇跡的に癌から生還して人生観が変わったのではないかと私には思えたが、実はそうではなかった。

彼は入社以来、大学の恩師石川忠雄先生（前慶応大学塾長）が手向《たむ》けた言葉「いかにすれば自分の仕事が世のためになるかを、第一に考えなさい」を忠実に実践し続けてきた。癌から生還した彼は今まで以上に社会のために何かをしたいと強く思えるようになっていた。

毎日が神から授けてもらっている命だと思えた。天に召されるはずだった男はそのように思った。世のため、人のために尽くすことは神への感謝の証であり、これまで彼の歩んできた人生は間違っていなかったと深く確信した。残された命を命の炎が燃え尽きるまで社会のために捧げる決心をしていた。

それは彼のエネルギーの源であった。そして、それは信じられないほどパワーに満ち溢れていた。その代表例が官民あげての「アルミ船舶国際会議」の提唱で、世界のアルミ船舶界に大変貢献した人物と顕彰されていた。その年、4回目の世界会議が開催されようとしていた。

そのような菅野は堀江謙一の相談に命を賭してでも協力を約束したのであった。

私と菅野の間には少々見解の差があった。

菅野は唸《うな》った。

ビールの空き缶100％のリサイクルアルミでなければ意味がないと迫る私に対し、菅野は既存のアルミリサイクル材の仕様を考えていた。アルミ業界は折から不景気の真っ只中にあった。

世界で初めての「アルミ缶リサイクル・ボート」。造船素材の技術革新のために一石を投ずることになる期待もあった。高価なアルミ船が比較的安価にでき、アルミ船の普及に繋がるかも知れない。住友軽金属工業では「MALT'Sマーメイド号」のため、少ないロットにもかかわらずわざわざ2万2000個のビールの空き缶から350kgのリサイクルアルミ合金を特別に用意することになった。そして伊勢大湊の強力《ごうりき》造船の名人芸ともいえる傑作となっていった。職人工場長の吉岡雄毅はすでに定年を迎えていたが、永年磨き上げた腕は最後の輝きを放った。吉岡の造船人生の最後の傑作は世界で初めての「アルミ缶リサイクル・ボート」として花道を飾ることになった。

いつもと変わらぬ淡々とした作業であったが、1㎜の厚さのアルミの溶接に気迫がこもった。その頃、造船業界にも大きな不況の波が襲っていた。大湊は伊勢でも江戸時代から有数の造船の町であったが、不況の波に勝てず何代も続いた造船所がその門を閉ざしていった。

一方、壮年強力修社長の造船に賭ける情熱、精力的な事業欲のもとでは業界の不況は無縁のものと思えた。事実、強力造船のある強力アイランドだけは意気揚揚と活気を呈しているようだった。だが、まさかと思えたが名門強力造船にも不況の波が容赦なく襲いかかってきた。

非情にも融資は断たれ、あの強力造船もその80年の歴史を閉じる運命を受け入れることになった。強力社長の無念さは計り知れないものがあったが、その無念さと引き換えにその傑作「MALT,Sマーメイド号」は讃岐金刀比羅宮に奉納され永久保存されることになった。

菅野の仲立ちがここでもいかんなく発揮され、堀江謙一と金刀比羅宮とのあいだをとりもった。環境保全と資源の有効利用を訴えた船「MALT'Sマーメイド号」は、今、金刀比羅宮の新しい観光の目玉として多くの観光客の目にふれている。笑顔のバスガイド嬢の説明に力がこもった。まだ底冷えがしていたが日差しに春の訪れが感じられるある日、息子を連れて金刀比羅宮を訪れた親子があった。どこにでもあるありふれた光景であったが、そこには息子に父の仕事をしっかりと目に焼き付けさせている強力修の姿があった。

「これが強力の仕事だ！」、二度と船を造ることは叶わぬことであったが大いなる誇りであった。祖父から3代、80年の歴史を閉じさせた忸怩《じくじ》たる思いが去来した。そして、いつかきっと、また明るい時代を築こうと神前に親子で誓った。

「MALT'S マーメイド号」の航海を記憶にとどめるエクアドルにある2つのメモリアル・プレートにも強力の名は刻まれている。船と同じアルミ缶リサイクルアルミ製のプレートはサリーナス・ヨットクラブの燈台とガラパゴス・バルトラ島のイタバカチャネルを臨むフェリー乗り場に設《お》置《か》れている。

そのアルミ3004合金はまだ日本では船舶の素材としては認可されていなかったが、運輸省が例外として臨時航海を許可してくれたのも、アルミの雄、住友軽金属工業の技術と菅野の尽力に負うところが多かった。

▼小さな地球エクアドル

一方、エクアドルでは地の果て東洋の冒険家を迎えるのは初めてのことでフィーバーした。

この国からの出航はソーラーパワーにヒントがあった。

エクアドルの国の名の由来はエクエーター（赤道）にある。赤道の国、最もソーラーパワーに適した国であった。国の面積は日本の3分の2だが、その狭い国土には６０００ｍのアンデスの峰から海抜０ｍまでの自然環境があった。

アンデスの東にはアマゾンの熱帯雨林、そして海上１０００キロの沖合にはチャールズ・ダーウィンの進化論で有名な世界遺産のガラパゴス諸島があった。寒帯から熱帯までの生態系を持ち、さながら地球を小さくしたような国であった。環境保全と資源の有効利用をテーマとする航海の出航地はこの国以外になかった。

エクアドルは日本からの移民を受け入れなかったため日系人は全国で２００人ほど、日本とはほとんどなじみのない国であった。この国の事情に明るくない私は駐在経験のある商社の方の紹介を頼った。漁港でにぎわうマンタ市在住の井上さんをアンデス山中２８６０ｍに位置する首都キトに訪ねた。

マイアミからキューバ、パナマ運河を眼下に見、空路4時間、シモン・ボリーバル国際空港に到着。初めて南米に降り立った私は地の果てに来てしまったと思ったほど遠くに来た感じがした。だがペルーもそうだがインカ文明のアンデスは誰でも一度は訪れてみたい世界の秘境である。原住民インディオは我々アジア人にルーツを持ち、それが為に我々を惹き付けてやまないアンデス。キトのオールドキトは５００年前のスペイン統治時代の白い壁の街並みを現在もとどめ、世界文化遺産に登録されていた。白人、メスティソ、インディオ、黒人からなる街はどこか東南アジアの街のようであった。

赤道直下（10キロ北に赤道碑がある）にもかかわらず高地のため寒く空気はカラリと乾燥し澄んでいた。早速、井上さんの本拠地マンタに飛び、マンタ、ヴァヒアカラケス、サリーナスと数少ないヨットクラブを訪ねた。

赤道に一番近いサリーナス・ヨットクラブは、この国第二の都市グアヤキルから車で2時間西に走った風光明媚な港町にあった。わずか１００㎞の距離であったが、多湿で緑の多いグアヤキルから西に走るにつれて空気は乾燥し、雨も少ないためか緑の背は低くなった。そしてサリーナスの町の手前で緑はほとんどなくなっていった。

それはエクアドルの海に南極海からのフンボルト寒流が流れており、赤道直下にもかかわらず低湿で雨がなくサリーナスはサバンナ気候の町であった。

サリーナス・ヨットクラブは一流ヨットクラブとして設備も整っており、緯度が赤道北2度と申し分なかった。このクラブを除いて他に候補地はなく協力を要請した。

ヨットクラブのメンバーに井上さんと協力事業会社フルカワプランタシオンの現地責任者石山さんがいた。彼の案内で初めて出向いたのは１９９4年7月16日（土）。私はジェネラル・マネジャーのアレハンドロ・マタ氏に航海プランを披露した。

白亜のヨットクラブに地中海を思わせる強い日差しの影がおちていた。

クラブは白人支配階級の人々で構成されていた。政府高官、高級将校、産業界の実力者がメンバーのほとんどで、クラブ内でエクアドルの中枢（支配階級）の事情がよくわかった。

開けて翌年の夏、堀江謙一と私はグアヤキルのスークレ空港に降り立った。石山さんと部下のウーゴ・チャレン、そしてサリーナス・ヨットクラブのディレクターのハビエル・ロカ（Xavier Roca）さんが待っていた。

ロカさんはアメリカズ・カップのジャッジを務めるほどの根っからのヨットマン。190㎝の長身のロカさんは体に似合わず全てに気を回わすことのできる大変親切な御仁《ごじん》であった。建国に携わったマルコ・ロカを祖にグアヤキルの名門中の名門の出、支配階級に彼を知らぬ人はなかった。我々にとってロカさんほど力強い味方はなかった。仕事は後回しにして我々を何から何まで支援してくれた。ロカさんに相談すれば全てが首尾よく解決した。

南米の静かなヨットクラブにとって日本人堀江謙一の航海はエポックなことだった。ロカさんにとっても支援する甲斐のあるエキサイティングな出来事であった。

その一方で問題がなかったかといえばそうでもなかった。エクアドルは隣国ペルーと領土問題で犬猿の仲であった。年に一度、ペルーに領土を割譲された屈辱の日が来ると、未だに両国は戦争状態になった。仮想敵国はペルーであった。

そのペルーのフジモリ大統領は日系二世。エクアドルの日本に対する国民感情はペルーに対するものと同じように敵対する憎しみに近いものがあった。現地の日本人からは踏みとどまるようにと進言してくれる人もあったが、エクアドルを選んだことは逆に吉とでた。

ロカさんがその根回し役をすべて引き受けてくれ、我々はロカさんの後について行けばよかった。観光省、文部省に海軍省、結果、日本人がペルーでなく自国を選んでくれたことにエクアドルの関係各省は驚きをもって歓迎してくれた。

環境問題で大きな影響力を持ち、後に大統領候補になったほどのラ・テレビシオンTV局の大物プロデューサー、フレディ・エレース（現観光大臣）も彼のテレビ番組で支援をしてくれた。

代表日刊紙ユニベルソ（UNIVERSO）も破格の扱いをしてくれた。おかげでカピタン・ケンイチ・ホリエが街を歩けば、市民からカピタン、カピタンと声をかけられるほどであった。

世界のマスコミ、ロイター（REUTERS）やCNN、APがアンデスの地震や洪水以外の取材のためにエクアドルを訪れることはガラパゴスを除いてほとんどなかった。ましてや日本のマスコミがわざわざ東京からエクアドルへやってくるなんてあり得なかった。

取材陣と我々の宿舎となったホテルカリピソ1《ワン》をホテルが少ないため1年前に新築工事中だったが予約をしておいた。オーナーは来年3月には開業していると自信たっぷりであった。

旅行を担当した野口はあいた口がふさがらなかった。1年後、できあがっているはずのホテルは7割のでき栄えで完成にはほど遠かった。各階のエレベーターを降りた先は手すりもない廊下があるばかりで、月のない夜だったため星明かりを頼りにした。部屋を出る時にも細心の注意が求められたが満天の星空は格別であった。

電話回線も思うようには繋がらず朝日新聞潮特派記者はグアヤキルのホテルに取って返し、東京本社と連絡を取った。潮記者の苦労は並大抵ではなかった。

最新のデジカメで撮った写真を送るのに時間がかかった。その時間のかかり過ぎを心配した電話交換嬢が途中から割り込み、あともう少しで送れるところだったが操作をもう一度最初からやりなおさねばならなかった。当時は電話回線を使ってパソコンから原稿を送るのがやっとであった。

夕刊の締め切りに間に合うかどうかやきもきした。電話代も驚くほど高かった。

そのロイター、CNN、APそして朝日新聞、共同通信の現地サリーナスからの報道が功を奏した。私の知るかぎりではオランダ、イギリス、ベルギー、アメリカ、ニュージーランドのテレビ局で、ニュースキャスターがビール缶を持って登場し、ビール缶をリサイクルした環境に配慮した「MALT'S マーメイド号の航海」を紹介した。もちろん日本でもテレビ、新聞で出航の模様はニュース報道された。それほど国内外で注目される航海であったと高く評価された。

当然、共同通信の現地通信員は私で、リオデジャネイロの奥野支局長と連絡を取りあった。まだ我々にはデジカメもパソコンもなく写真原稿を新聞社に送る手段はなかった。ブラジルからカメラマンのジョン・メイヤーがやって来た。APを通して東京に送った。

▼クリスマスプレゼント・岬と島

1997年8月、メモリアル・プレートを設置するためサリーナス・ヨットクラブとガラパゴス

ガラパゴス、堀江謙一船長岬とMALT'Sマーメイド島

を訪れた帰途、モンカイヨ（Vicealmirante Moncayo）海軍長官をキトの海軍省に訪ねた。

96年3月20日（水）、出航前夜、サリーナス・ヨットクラブのディレクターのハビエル・ロカさんと私は夢のような計画を話しあっていた。航海が成功した暁に、「プンタ堀江岬」をガラパゴス諸島に作ろうと……。

いざ航海が成功したものの政府のどの機関に申請すればよいのか、エクアドルの名門ロカさんすら皆目わからなかった。私のリクエストにロカさんは奔走した。その後、イノカール（INSTITUTO OCEANGRAFICO DE LA ARMADA　海軍海洋研究所）の起案申請を経て海軍長官の決定によることがわかった。グッド・ニュース、神は我々二人に幸運をもたらしてくれたように思えた。

現長官は前年までグアヤキル総司令官だったモンカイヨ将軍、それならば長官の説得はドタしかいないと私に白羽の矢がたってしまった。

長官に会ったのはあとにも先にも一度しかなかった。航海の直前、堀江謙一とグアヤキル司令部へ表敬訪問に伺った時、将軍の笑顔に心の広い人物を見てとった。長官と私との間には何か心が相通じるものを私は確信していた。ロカさんもそのように思っていた。

朝7時、キト海軍省、立ちはだかるゲートの衛兵、面会予約のない私とボランティア通訳のパトリシオ・ラレアが国防省のゲートをくぐりぬけることは容易《たやす》いことだった。

1枚の写真が威力を発揮した。そこには長官と私が仲良くおさまっていた。衛兵には私が長官の大事な東洋の友人、アミーゴに見えた。

長官は覚えてくれているだろうか、突然の訪問に会ってくれるだろうか、不安が横切った。不安をよそに9時出省の長官は遠来の友を忘れることなく、直ぐに部屋に通してくれた。30分位の時間だったが、思いがけない再会を大変喜んでくれた。

私の堀江岬命名の申し出に何の躊躇もなくおだやかな笑顔で「Yes, No Problem」の答えが返ってきた。海軍年報（BITACORA 39）に自ら「MALT,S マーメイド号」の航海記を記述する約束までもしてくれた。

目と目、顔と顔、キイマンに直接会って話をすることがいかに大切なことか、この時ほど痛切に感じいったことはなかった。

外交文書が外務省に届いたのはその年（１９９７年）の瀬も迫った12月、関係者にとって大きなクリスマスプレゼントとなった。駐日エクアドル大使ブッチェリ領事、外務省中南米局2課松本外務官も驚いた。

キトではマルセロ・アビラ元駐日大使が驚き、ロカさん、フルカワプランタシオンの石山さん、ジャパンツアーの鳥居さん、植木さんが喜んだ。そしてエクアドル在住200名の日本人にとっても久々の快挙となった。

鳥居さん、植木さんにはガラパゴスでの取材や出航セレモニー等の通訳に、小林さんと学生の羽富博樹君をつけてもらった。通訳の小林さんはクラッシクギター奏者、大学で教鞭をとっていた。ガラパゴスに必ず愛器のギターを持参した。満天の星空の下で奏でるギターの音は彼の悲恋の人生を語っているような哀愁をおび、聴き入る人々を一段と魅了した。一転して、出航式前夜祭の「サクラ、サクラ」は鬼気迫るほどの迫力、その研ぎ澄まされた美しい調べは若くして散っていった神風特攻隊を彷彿させエクアドルの人々も圧倒した。鳥居さん、植木さんは竹を割ったような人で、我々現代の日本人が忘れてしまった素朴な精神、義理人情、感謝、誠実、親切さをもった一本筋の通った人達であった。我々はセニョール・サムライ鳥居と呼んだ。誠実な植木さんと現地グアヤキルで小さな旅行会社を経営していた。ガラパゴスツアーをメインに日本人観光客にとって欠かせない人であった。苦節30年彼らにとっても涙のでるほどの快挙で、「堀江謙一船長岬」の命名は日本人の面目を一新する思いであった。

長官やサリーナス・ヨットクラブのロカさんらの尽力でカピタン・ケンイチ・ホリエは南米エク

アドルで野口英世博士以来、日本人として二人目の英雄となった。

１９１８年、野口英世博士は黄熱病病原体を発見しエクアドルで３０００人の人命を救った。この事実は日本で知る人はほとんどない。私も今回初めて知ることになった。グアヤキルには今でも博士を称えた「ノグチ通り」があるが、80年以上たった今日、残念ながらノグチが日本人野口英世と知る人は少ない。

それにしても日本人の名前がつけられた岬や島は全世界を見渡しても皆無である。大航海時代日本は鎖国であったため海の彼方への日本人の夢は叶わなかった。しかも生存している人物の名前がつくなんて有り得ないことだった。そのうえ小島とはいえ「ＭＡＬＴ'Ｓ」の名前が冠せられるなんて信じられない知らせであった。これには後日談があった。

その外交文書には「堀江謙一船長岬」と船名を冠した小島「マーメイド島」となっていた。私は目を疑った。やはり「マーメイド島」となっていた。

駐日ホアン・サラサール・サンチシ大使（任期１９９７〜２０００年４月）も間違いを認め本国に訂正の打電をしたが年が開けても返事は来なかった。

3月20日（金）の記者発表までにはと思っていたが長官からの返事はなかった。

記者発表の日時は刻々と近づいていった。

訂正のためエクアドルに飛ばなければ解決できない。もちろん、社費以外に予算はなかった。

その頃、まだ電通にはかなりの柔軟性（余裕）があった。この訂正のためのエクアドル行きは数字（営業成績）の上ではマイナス以上に社に貢献することなどあろうはずがなかったが、私には正直なところ反対されない自信はあった。今回の航海もサントリーの佐治社長を充分満足させる結果をもたらしたものであることは誰もが認めるところであった。

出張の願い出に、面白いではないか！　サントリーのためになるとふたつ返事でＧＯサインが出た。

このような上司の許容は部下に信じられない力を発揮させるものである。私の行為は狂喜そのものといっても言い過ぎではなかった。

長官に会わないことには全てが終わりになる。私は長官が必ず長官室に在席していると確信していた。

薄氷を踏む思いであったが、私が長官を訪ね訂正を申し出たのは長官が退官する当日、１９９８年2月25日（水）、それも軍人人生を終えようとする30分前であった。

長官が不在でないことを祈りつつ朝7時に海軍省に出向いた。退官されてしまっては全てが終わりになる。長官の出省を前回と同じように待った。さすがその日は秒刻みのスケジュールで、珍客はぎりぎりのところで長官室に招かれた。正午にはすでに海軍長官ではなかったが長官は笑みを持って間違いを認めた。「ＭＡＬＴ'Ｓ マーメイド島」の命名はモンカイヨ海軍長官の最後の最後の命令となった。

イノカール（海軍海洋研究所）には長官の最後の命令が届き、私とロカさんは海図 I.O.A.2020 に新しい岬と島の名前を書き入れてもらうことができた。

「堀江謙一船長岬」（Punta Capt Kenichi Horie）、「モルツマーメイド島」（Islote MALT'S Mermaid） 3年前の計画はみごと成就した。ロカさんと私は涙して喜んだ。

1998年8月20日（木）岬と小島においてファビアン・パラ（Fabian Parra） ガラパゴス県知事、国立公園管理事務所（INEFAN）、チャールズ・ダーウィン研究所の職員、軍司令官、ロカさん、植木さん、通訳でギタリストの小林さん、日本からは堀江謙一、サントリー若林部長、電通神山と私の出席のもと命名式を行なった。

日本から持参したモルツビールで乾杯をした。ガラパゴスで冷たいビールを、こんなうまいビールを飲めるなんて誰にでもできることではなかった。この感激を私達は永遠に心に刻んだ。

この時、私はグアヤキルのホテルからパソコンの添付メールで写真記事原稿を共同通信東京本社へ送った。パソコンから写真記事を送ったのは後にも先にもこの時が初めてであった。

東京ではまさかと関係者が驚いていた。

翌日のサンケイと地方紙が第2社会面で命名式の記事を報じていた。ガラパゴスにいるはずの若林部長と神山が写《うつ》っていた。

その頃、若林部長はエクアドルの洗礼を受けたえがたい腹痛に悩まされていた。入社以来一日と欠かしたことのないウヰスキーの水割りを高地キトで飲んだ直後からアクシデントは起こった。水割の氷が悪かったのかエクアドルを出国するまで腹痛と下痢は快癒しなかった。出国した途端、治ったのも不思議であった。若林部長の人生に永遠に記憶されたほろ苦い出来事であった。

15年近く経った今日、未だに岬と島の名前は海図に記載されていなかった。私はこの快挙を永遠に記憶の外に葬り去ることは出来なかった。一計を案じた。長官が発行した外交文書のコピーを持って羽富君にイノカールへ再度申請に行ってもらった。外交文書を確認したイノカールの所長ラファエル・ペニャフィエル大尉（Capitan de Navio - EM. Rafael Cabelo Penafiel）は申し送りがなく、実行出来てなかったことを謝し、次回発行の海図には必ず記載することを文書で約束してくれた。

堀江謙一がチャールズ・ダーウィン研究所のシャルル・シャンタン所長と洋上ミーティングを行なったガラパゴス・イタバカチャネル、後に命名された「堀江謙一船長岬」を「MALT,S マーメイド号」が通過したのは命名から2年前の3月28日（木）のことで、偶然にも3年後の1999年3月28日（日）、「MALT,S マーメイドⅡ号」がサンフランシスコを出航していた。

▼アメリカズ・カップ

サンフランシスコからの出航、海外イベントを日本の新聞やテレビを通してニュース報道させることは至難の業であった。

10年前サンディエゴで行なわれたアメリカズ・カップに日本からニッポンチャレンジがはじめて参戦した。そのPRを担当した時から始まった私の大いなるチャレンジであった。

“Your Majesty, there is no second.（女王陛下2番手はございません）”アメリカ号は王室ヨット、ヴィクトリア・アンド・アルバートの船上でレースを観戦するヴィクトリア女王の前を悠然とゴールへと帆走《はし》り去った。１８５１年8月22日、イギリスのロイヤルヨット・スクォードロンが主催したワイト島一周ヨットレース。アメリカから参戦した「アメリカ号」が当時の海の覇者イギリス勢を打ち破り、後にアメリカズ・カップと呼ばれることになる１００ギニーの銀製のトロフィーをニューヨーク・ヨットクラブに持ち帰ったことに始まった。この銀製のトロフィーの争奪は以後、世界のヨットマンの夢の象徴として１４０年年以上の歴史を培ってきていた。ヨットが国民的スポーツとして人気のある欧米各国ではアメリカズ・カップに勝った国が、その日をナショナルホリデイにするほど国を挙げて人気があった。

だが、ヨット後進国の我が国では数少ないヨット関係者を除いてはアメリカズ・カップの存在すら知られていなかった。日本からはじめてニッポンチャレンジが参戦することになったが、日本のマスコミはアメリカズ・カップを無視し続け、その記事を報じることはなかった。

今日《こんにち》では各紙運動面やテレビのニュースで大きく報道され、日本でもアメリカズ・カップが世界最高峰のヨットレースであることを多くの人が知っているが、当時、担当することになった私ですらアメリカズ・カップが何であるかを知らなかった。ゴルフかテニスの大会と思っていたほどで、ヨット関係者を除いては日本ではほとんど知られていなかった。今から思えば隔世の感があるが……。

海外で日本のデニス・コナーと言われた大儀見薫（故人）がアメリカズ・カップ参戦を夢見てS

B食品の山崎達光社長（現エスビー食品グループ代表）を担ぎ出すことに成功した。

チェアマン山崎達光が率いるニッポンチャレンジが日本のシンジケートとしてはじめて１９９２年のアメリカズ・カップに参戦するため準備を進めていた。なぜか日本のマスコミはアメリカズ・カップを記事にすることはなかった。アメリカズ・カップは世界最高峰のレースであったが、ヨットレースをお金持ちの道楽と位置付け、スポーツとして一切認めることはなかった。信じられないことだが日本のマスコミのアメリカズ・カップに対する認識はそのようなところにあった。農耕民族国家故なのか、あるいは貧乏国故なのか我が国ではマスコミ界においてヨットの世界に市民権が与えられていなかった。あの過酷なレースをスポーツ紙すら同じように認めていなかった。

「１４０年もの歴史を持つ世界最高峰のヨットレースを日本のマスコミは一切報道しない」

山崎は協賛20社から60億の資金を集めたもののアメリカズ・カップそのものがいつまでも無名では協賛社の各社長に会わせる顔がなかった。そのうえ、協賛各社では社長直々の協賛は宣伝予算を削られるため現場の宣伝部から思わぬ出費と白い目で見られていた。電通のスポンサー担当営業も私に冷ややかな視線を送り非協力的だった。２０１０年4月21日に亡くなったサマランチＩＯＣ元会長に協力しオリンピックビジネスを電通にもたらしていた成田だけが唯一の理解者で、アメリカズ・カップもビジネスになると踏んでいた。山崎達光は江口ヤマハ社長と専務の成田（社長、会長、最高顧問、名誉相談役歴任後２０１１年11月没）を訪ねた。成田の命を受け私は上司堀内局長（副社長で退任、故人）からニッポンチャレンジの専従に指名された。

「アメリカズ・カップを世に出せ」「ニッポンチャレンジへの国民的関心を喚起せよ」

アメリカズ・カップを知れば知るほど、世界最高峰ヨットレースでありながらこれほど無名のヨットレースはなかった。

湘南のヨット愛好家、木村太郎のみがＮＨＫＯＢをかさに「アメリカズ・カップ、アメリカズ・カップ！」と声を大にしていた。ニッポンチャレンジのスポークスマンとして山崎を補佐していたが、マスコミの前に出ることはなかった。日本のデニス・コナーと言われ海外で人気のあった大儀見薫も日本での影響力は皆無、そしてチェアマン山崎がＳＢ食品の御曹司とくれば、アメリカズ・カップは金持ちの遊びの粋を抜けることはなかなかできなかった。

世界最高のヨットレースが無名とは、こんなことはめったにないこと。私には最高に面白いことのように思えた。私が海に関わる始まりであった。成田との初めての出会いでもあった。無名なものを有名にする。私にとってチャレンジのチャンスがやってきた。これほど面白いことはなかった。これぞＰＲの醍醐味と思った。

相手は世界のアメリカズ・カップ。相手にとって不足はなかった。やり甲斐を感じた。

ヨットレースを金持ちのお遊びでなく、野球、テニス、ゴルフと同じようにスポーツとしてマスコミに認めさせる。マスコミの世論形成と言ってよかった。そのためには何をさしおいても中央紙、朝日、毎日新聞の理解を得ることが不可欠であった。そのための施策をコツコツと始めた。朝日、毎日新聞が認めてくれれば各スポーツ紙が続く、そうすればＮＨＫをはじめＴＶ各局はおのずとニュースとして扱ってくれるにちがいない。私はそのように踏んでいた。

その頃、私はCRからPRのセクションに移動してすでに8年目を迎えていたが、まだまだ素人PRマンでプロフェショナルにはほど遠かった。当時、朝日・毎日新聞社に誰一人として知る記者はなく、ものごとはそう簡単にはいかなかった。

それ以前に広告会社の人間にとって新聞社は敷居が高かった。敷居どころでなく壁が横たわっていた。

歴史的に広告会社は新聞社、出版社の広告取次店として、新聞社、出版社の広告局の下で広告紙面を売ることを業としていた。スペースブローカーと言われる所以であるが、広告局の出入り業者として新聞社や出版社に出入りをしていた。大手広告会社ほど新聞社から紙面をもらえるかどうかは死活問題だった。新しいメディア、ラジオ・テレビが出現した後も、たとえラジオ・テレビ広告の売り上げが新聞広告の売り上げを凌駕したとしても広告会社の中核、要《かなめ》はもともと飯のタネの素になっていた新聞社の広告局を担当する新聞局。その新聞局にとって聖域ともいえる新聞社に他局の人間が出入りすることは迷惑千万なことで許されることではなかった。広告局からの苦情は広告会社にとってあってはならなかった。そのため新聞局以外の人間が新聞社に出入りすることはあり得なかった。ましてや編集局から苦情があろうものなら広告局、広告会社ともども震え上がった。

広告会社では経営の根幹にかかわるほどの問題になった。

アメリカズ・カップ以降、私は〝お前は国賊だ〟と何度も社の幹部から非難され後ろ指を指された。それほど広告会社の人間が編集局に出入りすることはあり得なかったし、それ以上に編集局のほうでも嫌って出入りを許さなかった。広告局の出入り業者との見方はそう簡単に消えるものではなく、特に広告の近代化をリードして巨大化した電通などはスポンサーをバックに金をかさに着る者とレッテルが貼られ嫌われていた。新聞社から見れば、私も端くれながられっきとした電通マンであった。

だが、私には強みがあった。社の中枢から遥か遠くにいた私は新聞社、出版社と広告会社の関係をあまり知らなかった。そのおかげか、クリエイティブ出身の私には出入りしてみれば新聞社はそれほど敷居が高く思えなかった。また社の前身が通信社であったことも新聞社の編集局をより身近に感じることができた一因だったかもしれない。

本当に知らぬが仏とはよく言ったものだった。

ひょんな事からそのチャンスは訪れた。

ある日、朝日新聞の企画報道部編集委員米《よね》（現ＯＢ米倉常裕）さんと昼食を共にする機会があった。話の弾みからアメリカズ・カップの話になり、話はトントンと前進した。

▼ブランド・ビジネス長さん

夕刊一面コラム現代人物誌を担当していた米さんは日本のブランド・ビジネスの先駆者サンモトヤマの社長茂登山長市郎（１９２１年生、現会長）を取材した。

そのとき、長《ちょう》さん（茂登山）はルネッサンス期の作品「天国への扉」（ギベルティ1452年作）のレプリカをフィレンツェのシンボル、サンタ・マリア・デル・フィオーレ大聖堂（花の聖母教会）へ寄贈し、人生を与えてくれたフィレンツェに恩返しをしていた。

洗礼堂の「天国への扉」は540年振りに甦った。オートバイや車の排気ガスで汚染され、更に水害が追い打ちをかけた。腐食がはげしく見るも無残な姿をさらしていた扉は黄金の輝きを取り戻した。群集のどよめきと拍手、感激の中で長さんは30年前を思い出していた。

「ボンジョルノ！」開店早々のグッチの店、断られても、断られても性懲《しょうこ》りもなくやって来る遠来の客、顔見知りになった長さんに気を許した店員たちの笑いがおこっていた。その騒ぎを聞きつけた社長のバスコが長さんに声をかけた。あたりは緊張し一瞬静まり返った。長さんは何が起きたのかと思った。

「おまえか毎年来るという日本人は」、5度目のグッチ詣でのことだった。

思ってもないことがおこった。

グッチ家の二男フィレンツェ・グッチ社長のバスコはよほど気分が良かったのか長さんのために店内を案内した。そして決定的な瞬間が訪れた。

バスコが差し出した銀製のシガレットケース、無意識にポケット・チーフの上に恭《うやうや》しく受け取った。そして長さんは指紋のついた部分をチーフで拭いて、そしてそっとショウケースに返した。

〝銀製品を素手で触ってはならぬ〟師と仰ぐ名取洋之助から教わった通り長さんはとっさに銀製品

を扱った。これを見ていたバスコは驚いた。目を疑った。

「自分を含め誰一人としてこれほど丁寧に銀製品を扱う店員はいない」。バスコは笑顔で手を差し出した。「これからはバスコと呼んでくれ、君と取引をしよう」。

長さんは凍りついた。夢をみているようだった。

そして歓喜、興奮、感動が一気に溢れてきた。

グッチとの長い付き合いの始まりであった。1962年7月のことだった。

一世一代の出来事に長さんは興奮のあまりその夜一睡もできなかった。何度も万歳を叫んでいた。神がくれる運、自分が作る人との縁に感謝した。毎日新聞の本田、名取、大映の永田そして電通の吉田の喜ぶ顔が浮かび涙が溢れた。もちろんその夜は手も洗えなかった。

ソニーのトランジタ・ラジオがヨーロッパで売れ始めたのもこの頃で、空港の税関で「Sony?Sony?」と税関吏から手を出されたが、長さんには何のことかサッパリわからなかった。その当時、上場したばかりのソニーはほとんど知られていなかった。大会社の社長でもめったに外国へは行けなかった。ましてや観光での海外渡航は認められていなかった。一日20ドルの外貨割当で、海外旅行者は年に5万7000人、中でもヨーロッパとなると微々たる数であった。

60年の最初の洋行では、長さんは闇ドル調達係、漬物のカメに貯めこんだ金《かね》を闇ドルに換え腹巻の中に巻き込んだ。洋行の名目は商社の委託の市場調査と商品の買い付け、2カ月に及んだ海外旅行だった。案内役の先生は毎日新聞の週刊サンニュース廃刊後、岩波写真文庫編集長をしていた写真家の名取洋之助。「アメリカにはないヨーロッパの文化を売れ」と長さんに言い続けていた。ヨーロッパに入る前にギリシャの美術に接し長さんは闇屋の醜さを痛烈に感じ恥じた。名取の言っていたことが初めてわかった。ヨーロッパには洋服や靴にも美術に負けない見事なものがあった。それをしかと見届けようと、心の眼をひらく準備をしてからヨーロッパに入った。

先生の名取はエジプト、ギリシャそして次にヨーロッパという順に長さんを案内した。長さんは名取から教わった通り、町に着くとまず美術館を見学した。そして教会、最高級のホテルとそのレストランへ行った。美術、最高のものを見た目で商品の比較をしてその美醜を判断した。そしてパリのフォーブル・サントノレ、ロンドンのボンド・ストリートを何度も何度も往復して高級専門店街の条件を肌で知った。王宮への近さ、道幅、舗道、街の長さと共通したものがあった。エルメス、ロエベ、グッチに圧倒され、くらくらと目まいがしそうな毎日であった。瀟洒で繊細なヨーロッパの美に〝汚染〟された長さんは銀座並木通りが将来日本のブランド通りになることを確信して帰国した。現在の並木通りを見れば長さんのこの時の予感は恐ろしいほどピッタリ当たっていたことになる。現在、長さんのサンモトヤマは並木通り銀座6丁目にある。

現在の並木通りはフェラガモ、カルティエ、クリスチャン・ディオール、セリーヌ、エトロ、フェンディ、ルイ・ヴィトン、ロエベなどが晴海通りから新橋にかけて軒をならべ若き長さんが見たパリのフォーブル・サントノレ、ロンドンのボンド・ストリートと同じような高級専門店街になっている。余談だが長さんが帰国した時、額面50円のソニーの株が630円になっていたが、株屋は長さんの話を講演で使った。その2カ月後にはその株は１４００円に高騰していた。

洋行最後の日、フィレンツェの夜のことであった。名取洋之助から金貸しメヂチ家が芸術・学問のパトロンであったように「芸術もわからない商人はただの商人だ、それ以上のものになれ」「小さくともいいから商人だったら何かを残せ」と長さんは教えられた。「おまえなら、やれる」と檄も飛ばされ若き長さんは熱くなった。そして長さんは闇屋を卒業しようと肝に銘じた。

あの夜のことを長さんは片時も忘れていなかった。あれから30年、フィレンツェに消えかかったルネッサンス芸術の一つの傑作が鮮やかに甦った。

あの夜かわした名取洋之助との約束がやっと果たせた思いであった。

その名取洋之助は長さんが念願の並木通りにサンモトヤマをオープンさせる前々年の１９６２年11月、52歳の若さで他界した。長さんが名取の教えを忠実に守りバスコ・グッチと運命的な出会いを果たした直後だった。その後を追うように、長さんのもう一人のかけがえのない師、広告の鬼と言われた電通の吉田秀雄が１９６３年の1月に59歳で亡くなった。吉田は電通の中興の祖として戦後日本広告界の近代化をもたらすと同時に戦後の日本経済の復興に寄与した。社員の奮闘を促した「鬼十則」（昭和26年8月作）は実業界で範を垂れる訓として話題となっていた。昭和23、24年当時、まだ小さな広告会社の社長であった頃から彼は朝に夕に毎日新聞の1階に一間間口を持った長さんの店に顔を出した。社長自ら毎日新聞広告局に通《かよ》った帰りだった。吉田は舶来品を買うには買ったがお金を払うことは一切なかった。そのくせ借金がたまっているうえに誰よりも威張っていた。吉田は買った品々を身につけ自分が愛用しているモノとして知人や目に付いた社員にプレゼントした。社員の足元を見ると靴をプレゼントし、サイズがぴたりだと得意がった。そして長さんに上得意を紹介することも忘れなかった。政財界、文化人を紹介した。長さんはそんな吉田のおやじが好きでお金を催促することはしなかった。この人は将来きっと大物になると思った。

民放ラジオが開始した頃（昭和26年）から電通は余裕ができ、赤坂、銀座界隈の料亭でも断わられることもなく、吉田も長さんから買ったツケが、ゆうに300万円を超えていたが何とか払えるようになっていた。民放テレビ局が開局（昭和28年）してから電通はあっという間に大会社になっていった。吉田の買い物も更に大きくなっていった。吉田が亡くなった時もそのツケは600万円にもなっていた。最後の注文は国際広告協会の大会に出席するための帽子、ノックス（KNOX社、1838年創業、ニューヨークの老舗メーカー）のミッドナイトブルー。鬼はかぶることなく長い眠りについた。「長公《ちょうこう》もってこい！」何時でも注文主吉田に届けられるよう大切に長さんのデスクの側に今でもノックスのミッドナイトブルーは用意されている。長さんには吉田のおやじ以上の人物に会ったことがないほどの人物だった。

吉田は「商人は夜討ち、朝駆けだ、買わない客に、朝も夜も通《かよ》って売る。これが商人魂だ」と長さんに商人の精神？　を教えていた。

その吉田の死後、めぐりめぐって25年、私は長さんと出会った。長さんが名取や吉田に教わったように、今度は長さんから私が教わる番になっていた。夜討ち朝駆けの精神はもともと日本広告社

（電通の創業時の社名）の通信業務部門であった電報通信社の伝統であった。ニュース取材の基本ともいえるものであったが、広告会社として後発の弱小日本広告会社はその夜討ち朝駆けの精神で広告取りに邁進して行かなければならなかった。

博報堂など先発他社の後塵を拝していた。広告と通信を合体させた日本電報通信社を経て広告専門の電通（昭和30年）になってもその敢闘精神は受け継がれ、戦後、社の再建に遺憾なく発揮されていった。早朝出勤深夜までの執務は当たり前で早朝の銀座の主は乞食と電通マンと言われたくらい早朝から働いた。「広告と押し売りはおことわり」、夜討ち朝駆けの精神は押し売りの精神のように思えたが、吉田秀雄はそれを商人の精神として長さんに教えたのであった。

長さんはこの教えを吉田の死の直後、あることに実行に移した。この人に朝駆けはきっと効くと確信した。朝日新聞社主村山夫人に朝駆けを繰り返し銀座並木通りのアサヒビルにサンモトヤマのオープンにこぎつけた。１９５７（昭和32）年日比谷の三信ビルに店を構えた頃にはすでにサンモトヤマは女優、作家、経営者たちのサロンのようでもあったが、１９６４（昭和39）年3月9日、長さんは闇屋《やみや》と決別して、世界の一流品を扱う小売商として新しい船出をした。そして長さんは吉田と別れて25年振りに出会った一介の電通マンの私に吉田のおやじの教えを話の端々にちりばめて教えてくれた。

あの堀江謙一船長岬の命名のため、エクアドル海軍長官モンカイヨ将軍への朝駆けは長さんから教わった吉田の教えをとっさに思い出して実行したのだった。吉田のおやじの教えは長さんを通して電通マンの私に受け継がれていた。それは電報通信社の取材魂のDNAでもあった。私はニュース価値があるか否かを見分ける勘を自然と身につけていた。

その長さんの取材の席に同席した縁で私は米さんと知り合うことになった。その後、堀江謙一のプロジェクト・プロデューサーとしてマスコミ関係者との折衝が私の主な業務になったが、後にも先にも新聞社の記者と会ったのは米さんが初めてであった。

長さんの取材が終わって暫くして米さんにアメリカズ・カップの話を持ち出した。「なぜ新聞社はアメリカズ・カップを取り上げないのか?」米さんは社会部出身であったが、九州大学のボート部のOBでヨット、特にアメリカズ・カップに関心をもっていた。初めて会う記者がアメリカズ・カップに興味をもっているとは運が良かった。

しつこい私をサツ廻りの後輩のように思い親近感をもった。と、同時にとんでもないヤツに捉まったものだと思ったが後の祭りだった。

私の知る限り朝日新聞の紙面ではじめてアメリカズ・カップは記事掲載となった。夕刊の一面左肩「ニュースらうんじ」で大きくアメリカズ・カップの記事が掲載されたのはそれから間もなくのことであった。それはチェアマン山崎達光をはじめ私達日本のアメリカズ・カップ関係者にとって夢のような革命的な出来事だった。

毎日の須田泰明運動部長に出会ったのもその前後、須田部長もアメリカズ・カップに興味を持っていた。恐る恐る取材要請をする私に予想に反して快諾の返事が返ってきた。

毎日も朝日に負けじと本選の一年前の国際選手権大会から仁科邦男編集委員をサンディエゴまで出張させ、本選も大きく紙面化していった。小池唯夫社長、斎藤明編集局長とチェアマン山崎達光との会談をセッティングしたのもこの時で、毎日のアメリカズ・カップに対して全面的理解を取り付けることに成功した。須田部長と私はこの会談の実現に奔走した。

この時の大会には、朝日、毎日の記者をはじめ多くのマスコミの記者がサンディエゴまで取材に来てくれることになった。そしてレースの模様は日本で大きく報道されることになった。

パソコンが普及されたばかりの頃で、米さん達記者は初めてノートブックパソコンを海外に持ち込んだ。パソコンに一字一字打ち込んだ記事がe-メールで本社編集部に送られていった。写真はまだ添付機能がなく送ることができず、AP電、ロイター電に頼っていた。ペンと原稿用紙がパソコンに代わった。新兵器を使いこなす姿は誠にぎこちなかった。傍目には、さすが世界最大のヨットレースのプレスとして恰好良くみえたが、本人にとってはアクセスポイントへの接続もスムースにいかずマニュアルを見ながらの悪戦苦闘の作業であった。それは1992年の春のことで我々がノートブックパソコンを使いこなすには更に6年待たなければならなかった。

今日、アメリカズ・カップは世界最高のヨットレースとして日本でも市民権を得ているが、その後のニッポンチャレンジの活躍もさることながら、米さん、須田さんなくして、その市民権はなかったといえる。

そして「海星号の航海」、「MALT'S マーメイド号の航海」と、プロジェクトごとに経験が私を助けてくれた。スポーツビジネスに賭ける成田の業務命令「アメリカズ・カップ・プロジェクト以外の仕事に携わってはならぬ」。あってはならぬような乱暴な業務命令が今日の私を作ってくれたと言ってもよかった。

ちょうど、成田が社長就任の数日前のこと、米さんは朝日の「ひと欄」に成田を取り上げた。吉田秀雄でも「ひと欄」には載ったことはなかった。成田の口がすべった。

「社内の呼び名は」の質問に「ナリさん、『組長』あっ新聞に出ると、これはまずい」成田は訂正を求めたが、米さんはなかなか受け入れてくれなかった。

この時ばかりは成田も私を拝んだ。「親分。よくほえるのも、根が小心だから」と米さんのペンもなかなかなモノだった。

「だれもが驚く。自宅は雨漏りがする」リフォーム屋の電話が成田宅に早速鳴った。1993年6月24日（木）のことだった。

▼Motel Cliff Side（モーテル 崖っぷち）辣腕記者も唸る

1993年3月24日（水）、成田が社長になる3カ月前、成田の下に1枚のFAXが送られてきた。大森実（当時71歳）が打ったものであった。

〃前略　本日、UCI（University of California, Irvine）での献納式パーティにさきがけ、ロサンゼルス・タイムズ紙の本紙1面に20行くらいの短い記事ながら、「架橋《かきょう》」という見出しで、「日米摩擦解消に役立つ試みとして講談社がUCIに現代日本文献7000冊、時価15万ドルの寄贈を行なう」という内容の記事が掲載されました。講談社側も「これで成功!」と大喜びです。この根回しは土田君が全てやってくれたものです。

150万部の全米最大の発行部数をもち、ホワイトハウスにも絶大なる影響力がある同紙の記事は、宮沢訪米にもプラスすると信じます。土田君のホームランでした〟

空港に着いた私はレンタカーを借リ、早速、車を南にとった。

アメリカズ・カップの開催地だった行き慣れたサンディエゴのちょうど半分くらいの距離、1時間くらい走ったところに大森が住むラグーナビーチ(Laguna Beach)があった。ロサンゼルスから南にはロングビーチ、ニューポートビーチそしてラグーナビーチと美しいビーチが続いている。丘の上には日本では見られない豪邸が強い日差しにまぶしかった。大森邸に着いたのは夕方だった。ビーチを見下ろす高台にあった。吹き抜けのどっしりした応接間に通され、それから初対面の老人と話し込んだ。

どすが利いた声、怪物に思えた。二人の話は永遠に平行線を辿った。

朝日新聞の一面を飾るニュースバリューがある、いや単なる第2社会面のべた記事のバリューしかない。価値の認識に大きな隔たりがあった。

経済面だけで語られることの多い日米摩擦に対し、政治、歴史、文化など多様な面から日本をもっと理解させる必要があることを痛感してきた国際ジャーナリストの大森。アメリカの学生が日本文化を知るうえで最も役に立つ図書の寄贈"Noma Collection"を講談社野間佐和子社長に勧めた。日米摩擦解消への一助では決定打といえず、私は社会面でも難しいと思った。

成田は旧知の友大森から何とかならないかとPRを頼まれていた。大森は天下の電通なら中央紙に影響力は絶大と踏んでいた。それ以上に「成田よ、千載一遇のチャンスをモノにしろよ」という思いがあった。

成田には積年の思いがあった。社には積年の思いがあったというほうが正しかった。それは社の悲願というべきものであった。

出版広告の歴史の一端を垣間見ると、明治末期、大正、昭和の初期頃の朝刊一面は全ページ広告で主として出版広告を掲載していた。出版以外の広告が出ると新聞社の格が問われた時代。したがって新聞社も広告会社も出版広告獲得に力を注いだ。講談社、小学館、中央公論は大手広告主で、当時は出版広告を制するモノが名実ともに№1の新聞社であり№1の広告会社と格付けされていた。通信業の生い立ちから主に地方紙の広告を扱って出版広告後発の電通、出版広告から始まった博報堂。おのずと出版広告において電通は博報堂の遥か後塵を拝することになっていた。博報堂は出版こそ命と出版部署に精鋭を集め、独占と言っても良いくらい「敵、何するものぞ」と牙城を守りに守っていた。歴代の社長以下の奮闘で電通もそこそこに出版広告の扱いを奪取していった。だが、その後、扱い高№1の近代広告会社に成長したものの依然として出版の雄と言われた講談社、小学館の朝日新聞の扱いは奪取できていなかった。朝日にしても博報堂の指定席を電通に乗り換えさせなかった。そこには、新聞社、出版社、広告会社の三つ巴の永い歴史が破ることのできない掟を作っていた。

1991年〜93年「海星号の航海」は日本セールトレーニング協会、朝日新聞、小学館の3者の共催事業であった。

この時、協会の大儀見薫と共同船主の小学館相賀徹夫社長が買った帆船「海星号」は資金難から地中海で立ち往生していた。日本に回航できる見込みがなかった。

切羽詰まった相賀社長と大儀見は社に成田を訪ね協力依頼をした。小学館の社長が我が社を訪ねることは電通の歴史が始まって以来初めてことだった。新聞社、出版社の社長が広告会社ごときを訪ねることは長い歴史を通して現在でもあり得ないことだった。出版営業局長の佐々木は驚きの連続だった。成田が佐々木の知らない私を担当に指名したからだった。私の上司堀内（後の副社長）は心が弾んだ。

この時ばかりは我が社もチャンス到来とばかり持ち出しの覚悟で協力した。私は朝日新聞社の主催事業にすることが協賛者を得る近道と策を弄し、相賀社長をして朝日新聞の中江社長を共催者に巻き込んだ。協賛者を得るために新聞社を巻き込むようなことは電通でもできることではなかった。「海星号」はサントリーの協賛を得て地中海から日本に回航できることになった。朝日新聞の主催事業であったが、商品名「ＭＡＬＴ'Ｓ」を帆に掲げる「海星号」の報道に編集局は難色を示した。理解を求める私ともめにもめた。血の気の多いデスクから怒鳴られることもあった。写真部員も「ＭＡＬＴ'Ｓ」の文字が写らないように苦心し、整理部も「ＭＡＬＴ'Ｓ」をできる限り紙面からカットした。その都度、私の血圧は上昇した。相も変わらず社内では「国賊」と指を指された。

1年近くも親交を重ねるうちに新しい時代の波が押し寄せていることを編集局も渋々理解をしてくれるようになった。協賛者の商品名が紙面に堂々と掲載された第1号であった。「ＭＡＬＴ'Ｓ」を掲げた「海星号」がカラー写真で1面や社会面を飾った時、歓喜の叫びがあがったものだった。結果、「海星号の航海」は成功裏に終わった。だが、電通の悲願は如何なることをしても果たすことはできなかった。

遠く離れていても大森は盟友成田の思いを片時も忘れることはなかった。大森の申し出に、成田はまたしても千載一遇の機会到来とばかりに部下の岡崎たちに檄をとばし力が入った。

社の中にあって私は傍流中の傍流であったが成田の思いに何とか報いたいと思った。私も電通マンの端くれとして今度こそはと意地を持って臨もうとしていた。

ロサンゼルス電通の社長が大森の信頼を失ったため、成田は帆船「海星号の航海」で朝日の編集局とパイプを築いた私に期待したのか、またもや私に白羽の矢をたてて私をラグーナビーチへ送りこんだ。無謀すぎる指名と思えたが、取りあえず大森に会えということで早速ロサンゼルスに飛んだ。

すでにその時、時間の余裕はなかった。

この期に及んで成田が送った人物、切り札的な人物と期待していた大森は自分の意見に賛同しない私を信頼に足る者か不安に思った。この者は成田の意をくんでいるのだろうか？　このような者をよこす成田の判断を疑った。そして〝飛んで火に入る夏の虫〟と私を憐れんだ。

「ドタくん、俺が君だったらこんな所まで来ないよ！」

この「Noma Collection」はＵＣＩ（カリフォルニア大学アーバイン校）の特任教授で野間佐和子社長と縁の深い大森が仲を取り持った。大森の要求は野間佐和子社長出席の贈呈式に際して日本の中央紙の１面に記事掲載をしろということであった。

何と大それた要求！　私は唸った。

「朝日、毎日、読売の一面に！」経済面だけで語られることの多い日米摩擦に対し、政治、歴史、文化など多様な面から日本を理解してもらう必要があることを痛感してきた大森。国際ジャーナリストとしての確かな思いを持って米学徒が日本文化を知るうえで最も役に立つ図書の寄贈を勧めた。日米摩擦解消への一助は確かだが、どう考えても一面の記事は無理と思った。百歩譲ってその可能性があったとして、文化的な出来事となればそれ相応の事前の根回しが必要であった。この期《ご》に及んでは編集局への根回し、理解、説得の時間もなかった。９・11のような大事件と同列にいかないことは彼が一番知っていた。

いくら日米摩擦解消と言っても、その一助、役に立つ……では1面はあり得なかった。大森もしぶとかった。私も後に下がれなかった。

時計の針は夜明けの4時をさしていた。話は平行線のまま私は大森邸を後にした。大森が用意してくれていたモーテルに泊まった。何と名前が驚くことに「Motel Cliff Side」モーテル・崖っぷち、名のごとくモーテルは断崖絶壁の上にあった。

暗闇の中、太平洋の怒涛が遥か下の方で聞こえていた。絶体絶命、私は崖っぷちに立たされていた。失敗したらお前の命はない、命がけでやれ！　往年の辣腕記者大森らしい無言の圧力。

それにしても横暴、狂気としか思えない大森の要求にどう対処するか、私は眠れなかった。

大森は毎日新聞のワシントン支局長、外信部長を歴任、体を張った取材報道に国際事件記者として世間の評価は高かった。65年1月、毎日新聞外信部はベトナム戦争で民衆の側から戦争の悲惨な実情を紙面で報告した。大森が陣頭指揮した連載企画（38回）「泥と炎のインドシナ」記事の反響は大きく、世界の有力各紙が転載するほどで、記者としての使命感、命懸けの取材によって戦争下のベトナムの実情が生々しく全世界に伝えられた。さらに大森は北ベトナム取材を敢行し南北から戦争の本質と実態をつかもうとした。西側記者として世界で初めてハノイへ入った。このハノイからの報告の第一報で米国は世界世論から孤立し、疲れ果てて投げだす日が来るであろうと、早くもベトナム戦争の前途を予測した。

だが10月3日付朝刊「米軍機の病院爆撃」が宣伝映画を見ての報道とライシャワーアメリカ大使

から抗議を受けた。大使は国益を守る立場から日本の新聞報道の偏向と激しく批判した。大森の名をあげて批判した（大使は後日、大森批判を悔やんでいたことを家族や側近に打ち明けていた）。

この不当な非難に堂々と対抗すべきと譲らなかった大森は「お前は、猟師山に入って山を見ずだ」と社の幹部からたしなめられた。憤激したが、それ以上に誹謗、嫉妬、からかい、中傷、流言……が無形の圧力として大森に襲いかかった。大森は言う。「その正体は、日本が島国だという言葉に尽きるだろう。偏狭、偏見、無責任、軽薄、低俗・他家の火事さえ喝采を送る、いやな言葉のすべてが構成する日本の島国性である」と。出る釘が打たれた象徴的事件であった。

翌年1月アメリカの権威の前に屈したように思えた毎日（実は社の幹部は密かに米大使館にでかけ大使に謝罪し、大森外信部長を解任した。この時点において毎日新聞社はジャーナリズムの使命を放棄したと言わざるを得ない）に見切りをつけ退社。後、クオリティペーパー週刊東京オブザーバー紙を発刊、電通が応援をした。成田が応援した。

権力に屈しない姿勢を一貫して貫いたが、独立国際事件記者に対して浮かれた昭和元禄の大衆は冷たかった。3年で廃刊、無念の涙、またもや辛酸を舐めることになった。

「私の観測の失敗は、潔癖で直情的であるにもかかわらず、一般の日本人が、体制の大河の流れに、意外に無感覚に妥協しやすく、ごく自然に、そして、なし崩しに、妥協体制に順応してゆく国民性をもっているという体質への読みを誤っていたことである。口に苦い良薬より、飲み易いビン詰のドリンク剤のほうが繁盛するということを見忘れていた。平易にいえば、その傾向が日本人の〝安保〟への無関心に化け、言論の妥協ということがデモクラシーに対する最大の侵犯になるという、厳しい戒律を忘れがちな、イージィーな姿勢をとらしているといえるであろう。そして、ごく少数の真面目人間だけが、これは異常なほど、この種の問題に敏感な体質をもっているという〝読者層のアンバランス〟――。いまや、私は、その創刊の時点で犯した錯覚をいやというほど自覚させられた」と大森の無念さを「中央公論」70年5月号で告白している。大森は「私に残された道は、ただ書く以外にはない。この体験を泥まみれのまま放棄せずに、えんぴつ1本に託したい」と結んでいる。

その後、活動の場を南カリフォルニアのラグーナビーチに移した。米国から見た日本をテーマとした警鐘を鳴らすテレビ番組、執筆活動に専念。その傍らUCIの常務理事でリージェント・プロフェッサー（Regent's Professor）として日米問題を教えていた。

中央紙のロサンゼルス支局長たちにとって大森は遥かかなた峻厳とそびえる山のようで敷居が高かった。大森にしても権威に屈する中央紙の記者と距離を置いていた。

南カリフォルニアにいながら彼らの間には記者仲間としての付き合いはほとんどなかった。この件で大森は彼らに頭を下げる気は更々なかったし電通の仕事と割り切っていた。

朝食をとって私はロサンゼルス電通と反対方面、サンディエゴへ車を走らせた。

頼みの綱はダグラス・オーガスティン（Douglas Augastine）。秘書のチエに電話を入れた。私の狙いはロサンゼルス・タイムズをはじめローカルのメディアの取材しか頭になかった。アメリカ人に日本を知ってもらいたいなら日本よりアメリカのメディアに書いてもらうのがベターではないか。一か八かの大勝負。一刻もサンディエゴへと、気が逸《はや》った。

実動一週間、ダグがすすめてくれたサンディエゴのPR会社 Stoorza Ziegaus & Metzger 社に私の思いを託した。何としてもロサンゼルス・タイムズだけは頼む。そして私はロサンゼルスに戻って日系メディアの支局対策に廻った。

3月24日UCアーバイン校での記者会見、予測した通りTV局の出席は1社もなかった。大手としては朝日の杉本、共同の薗部両支局長だけだった。ローカルのメディアも出席の返事は多くなかった。私の電通の生命も一巻の終わりか、賽は投げられた。

いやいや、記者会見の席上、私は何の咎《とが》めもなく、むしろ胸を張っていた。

当日朝早く私はけたたましいベルで起こされた。何事が起ったのか? 受話器の向こうで大森がさけんでいた。「見たか? ドタくん!」あの怪物、大森が興奮していた。

ロサンゼルス・タイムズの1面の左、注目のコラム記事として掲載されていた。

“BUILD BRIDGES”「架橋」、小さな小さな記事であった。

眠気もふっとび私はひとり、部屋で Golden Bridges と叫んでいた。

LAタイムズ、クリスティナ・リンレン記者は事前に配布されたニュース・レリースをもとに贈呈式当日の紙面に記事を書いていた。

「クリントンが読んでいる!」大森は喜んだ。一攫千金の値であった。

カリフォルニア州オレンジ郡には典型的な中流階層が住んでいた。教育レベルも高くカリフォルニアで最も年収が高い280万人の人口は195万の白人、60万のヒスパニック、25万のアジア系その他からなる。クリントン政権（1993〜2001年）もLAタイムズ紙のオレンジ郡版には必ず目を通すといわれるほど注目されるオレンジ郡。保守陣営の票を覆したことがクリントンの勝利に少なからず影響を与えていた。

事ここに至ってこのニュースバリューを知り得るものは大森をさしおいて誰もいなかった。日本の支局長達にしても理解できたか疑問であった。

この時点で大森の頭からすっぽりと日本の中央紙は消えていた。

ロサンゼルス・タイムズの1面の注目のコラム、この一点に収束されていた。

私にとって相手が良かった。往年の国際事件記者の目は狂いがなく確かであった。

野間佐和子社長も喜んだが、肝心の大森が喜んでくれたことが私をそれ以上に成田を救ってくれた。

首の皮一枚で私の命は繋がった。成田の面目も保たれた。成田の喜ぶ顔が浮かんだ。

大森は成田にＦＡＸを入れた。

土田《どた》君のホームランと……。

ロサンゼルス・タイムズのコラム記事は次のように書かれていた。

架橋（BUILD BRIDGES）

日本を代表する出版社、カリフォルニア大学アーバイン校（ＵＣＩ）に日本の図書７０００冊を寄贈。ＵＣＩリージェント・プロフェッサー大森実氏が日米摩擦解消のためにもアメリカの学生に日本の政治、経済そして文化について学んで欲しいと講談社に寄贈を要請したもので、大森氏は選ばれた図書は日本を知るうえで時宜を得た最良のものと語った。

往年の辣腕記者大森実が喜んだ。Cliff Side の私にとってＬＡタイムズさまさまであった。「Motel Cliff Side, Building Bridges, Golden Bridges」何とドラマチックな2週間だったことか。大森が意識したか否かはわからないが、私に投げかけた無言の圧力「Cliff Side」は私に似つかわしい言葉のように思えた。私の仕事はタイトロープ、いつも崖っぷちに立っていた。

講談社野間佐和子社長は父、野間省一の念願、「本は無言の外交官」という信念を実践できた満足感に満たされ、出席者各々が満足のゆくＵＣＩの夜が更けていった。

残念ながら成田の千載一遇のチャンスは後日、銀座吉兆の饗宴で終わりを迎えることになった。

創業以来の社の秘められた永遠の課題「悲願」は息を潜めて生き続けることになった。おそらく誰一人として引き継ぐ兵《つわもの》もなく忘却のかなたへ押しやられていくことだろう。

私にとって、吉兆でもてなしを受けたのはこの夜が初めてで最後であった。

上座に成田、出版担当の花岡、そして私であった。

大森は「僕は死ぬまで新聞記者」が口癖で、日米関係を柱に世界の政治、経済に終生関心を持ち続けた。まだまだやり残した仕事がたくさんあったように思えた。

２００９年3月25日（日本時間26日金）自宅からほど近いミッションビエホ（Mission Viejo）の病院で息をひきとっていた。88年の人生であった。

本人の希望か、今は太平洋を眼下に見下ろす南足柄の山麓に静かに眠り国際ジャーナリストとして思いを馳せた遥か世界の彼方を見続けている。

今一度、志半ばに社を去ることになった大森の無念を偲び、「権力におもねるな」「筋を通せ」と言い残した彼の思いを忘れてはなるまい。

▼外電

以前ニューヨークやロサンゼルスで日系ＰＲ会社にＰＲの仕事を依頼して苦い水を飲まされた経験が私の体にしっかりと記憶されていた。

今ではどちらがロサンゼルスの人間かわからないほど私は在ＬＡの日本のマスコミについてよく知っている。英語はともかく車のハンドルはバイリンガルなのである。

確かに南米エクアドルとちがって、ロサンゼルスには日本のマスコミ各社の支局があった。

支局廻りは朝飯前といった気分であった。だが、ことはそう思うようにいかなかった。

堀江謙一は英雄であるがそれは37年前のことであった。37年経った今日、8回目の航海とあっては、ＬＡ在住の日本のテレビ局でサンフランシスコまで取材にきてくれたのはＴＢＳとＣＸの２局のみであった。ＮＴＶ、ＥＸ（ＡＮＢ）は予算がないと良い返事はなかった。もちろんＮＨＫ・ＬＡははなから素っ気なかった。

朝日後援の航海であろうが記事には関係ないと、気心が通じ合う仲の共同通信辻裕司支局長と毎日新聞吉田支局長。朝日後援だからウチは行かないと頑として優しさを見せない読売ＬＡ支局。取材に行けたら行くと言って来なかった産経ＬＡ支局と各社の取り組みはまちまちで、中にはその慇懃無礼《いんぎんぶれい》の態度に悔しさを覚えることも度々あった。

朝日新聞都丸支局長はデジカメを持ってヨットクラブのとなりティブロンロッジに早々と宿をとった。

少ないスタッフと予算の少ないＬＡ在住の日本のマスコミ、サンフランシスコまで出かけるには相当の決断がいるのだろう。予算を天秤に、彼らにとって堀江謙一の航海はそれほどまでにして取材するほどニュースバリューがないらしい。

それならば世界のニュースとして報道される航海にしよう、そうすれば Kenichi Horie の航海は世界が認める航海になるではないか。それ程の航海を取材しなかったとしたら外信部デスクからなぜ取材をしないのかと問われるかもしれない。日本のマスコミは脱帽するにちがいない。私は何としても彼らに脱帽させたかった。

〝ビッグニュースにしなければ〟。それは何を隠そう悔しさのお返しでもあった。「海星号の航海」以来、世界のニュースにチャレンジすることを目標にそのハードルを高くしていったが、その時はまだどのようにすれば世界のニュースにできるかも知らなかったし、そのような大それた考えも持っていなかった。せいぜいアメリカのローカルニュースが最大の収穫であった。

堀江謙一が「多くの航海から得られた知識や経験が僕の中に生きている。いろいろなことを経験して初めて〝いけるな〟ということが見えてくる」と語っているように、経験が今まで見えてなかったものを見せてくれる。最善を尽くせばそれだけ何かが見えてくるのだった。

グレッタ（Gretta）の上司メアリー・クラウリー女史の紹介でCNNのロバート・ジョンソン（Robert Johnson）に出会ったのは「海星号」がサンフランシスコに入港した時で、彼は全世界に「海星号の航海」を紹介してくれた。パリ、ロンドンでのCNNの放送を見たと友人から報告があった。見た友人も驚いたが私も驚いた。世界のニュースになるなんて。

よほどのニュース素材でない限り東京NHKからNHK・LA支局に取材依頼はできない。この時も取材依頼はされなかった。

東京NHKにはロイター電が入るようであったら、その時は何とか宜しくとお願いをしてサンフランシスコへ発った。

外電として入らない限りNHKのニュース報道はあり得なかった。民放各局にしてもしかりであった。
日本ではＮＨＫのニュースにならないニュースはニュースではないと思っていた。外電なくして「ＭＡＬＴ'Ｓ マーメイドⅡ号」の市民権はないと思った。

ＮＨＫの朝夕のニュースが全てを決する。同時に民放各局も外電をキャッチする。ＮＨＫのニュース報道となれば、民放各局も報道してくれるはずと確信した。

朝日、毎日、共同がＯＫなら今回（99年）は何としてもＮＨＫのニュースに照準を定めた。

前回の「ＭＡＬＴ'Ｓ マーメイド号」の航海と同様、世界のニュースとしてテレビ報道される航海にしなければと力がはいった。何としてもロイター電を確実にしなければならなかった。

▼ホームステイ

マリンペニンシュラ（マリン半島）に遮られた霧が次から次へと湾の中へ吸い込まれていた。まだ眠りから覚めぬサンフランシスコの街を静かに包み込もうとしていた。橋げたの最上部だけが山の頂きのように霧から顔を突き出していた。

霧のゴールデン・ゲート・ブリッジを渡って勾配はきつい上り坂になった。アクセルを踏みこむと先はトンネルになっていた。60マイルで走り抜けトンネルを出てすぐスペンサーアベニュー出口あたりが分水嶺になっており、下り坂になった途端、視界が一気に開けた。サウサリートのヨットハーバーを右眼下に見て車は快調に１０１号線を更に数マイルほど北上した。そしてその平らになった1マイル先101号線を右に下り、湾に突き出たティブロンペニンシュラを道なりに先端まで行くと、その半島と隣の小さな島が2つの洲によってくっ付いたところにラグーンを作っていた。小さな島とそのラグーンの街が名門サンフランシスコヨットクラブの街、ベルベデア（Belvedere）。緑がこんもりと茂り瀟洒な家が木々の間に見え隠れしていた。豪邸ばかりの住人2000人は白人ばかり。アジア系、ヒスパニック、ブラックもいない、塵ひとつ落ちていない美しく落ち着いた街をつくっていた。

誰かホームステイしませんか？

1999年「MALT，Sマーメイド II 号」の出航式前日のことだった。

ヨットクラブのあるベルベデアはサンフランシスコの田園調布といった街。ラグーンに面した私の家族は名門ヨットクラブの元コモドアのパット・コラン（Patrick J. Kirrane）と妻のシーシー（Mary Frances Cissy Fitzpatrick）。サンフランシスコの街を埋め尽くす霧はマリンペニンシュラに遮られベルベデアには来なかった。

パットは車椅子に乗った老人であった。アイルランド移民二世、マリンビジネスで成功していた。アイリッシュの訛りを理解しない私にかまわず彼は孫に話をするようによくしゃべった。海を愛しヨットクラブライフを楽しんだ。生来の話好きで、その多くはヨットでの出来事のようであった。

シーシーは私にとって大きな味方となった。彼女はファミリーの一員のためには大きな力を貸してくれた。その頃、彼女はヨットクラブの婦人会長を務めていた。社交界でもあるヨットクラブは婦人会なしでは成り立たないほどレディたちは絶対的な力を持っていた。私の要望を受け入れるようコモドアのレイやジェネラル・マネジャーのルス（Russ Coggeshall）を説き伏せてくれた。時には私のスピーチ原稿に赤を入れ、スピーチの予行練習をさせた。「Dota! Practice! Go ahead……Excellent!」間の取り方、抑揚、「Again, Again, Again」私はヨットクラブのパーティ、マリタイム・ミュージアムでのスピーチを何度か成功させることができた。全てシーシーのおかげと言っても良かった。

エリィン・ゴ・ブラ！（ERN GO BRAUGH!）　アイリッシュ万歳！

ロサンゼルスのマスコミ廻りは私を奮い立たせた。

世界のマスコミ中のマスコミ、ＣＮＮ（ＳＦ）に我が友レポーターのロバート・ジョンソンの姿は2年前からなかった。「海星号の航海」以来ＣＮＮと強力なパイプを持つグレッタにその根回しを託し、私はロサンゼルスの郊外バーバンクにあるロイター（ＬＡ）に取材と全世界テレビニュース配信を頼みに出かけた。

早朝3時、ホームステイ先のパット&シーシー夫妻宅を後にし、１０１号線から５８０号線を右にとりトレイシー（Tracy）の手前で5号線を南下した。何度か通ったことのあるフリーウエイだったがライトの灯りでは道路標識はなかなか読み取れなかった。それでもトレイシーの街の灯りを左に見下ろし、何とか見覚えのある5号線の分かれ道にたどり着いた。まだあたりは暗闇だった。コーリンガ（Coalinga）を過ぎたあたりで夜が明けたためか牛の匂いに気が付かなかった。仮眠を取り5号線をさらに南下、ロサンゼルス近くで地図を確認した。車は2つの車線を蛇行していた。パトカーのサイレンは飲酒運転に厳しかった。

“Very sorry! Very sorry! I, m foreigner. I'm checking how to go to LA”

“Be carefully! Very dangerous driving! Please safty driving!”

何とか注意だけで切りぬけ正午に無事目的地のロサンゼルスへ着いた。

ここはアメリカ、Do it yourself の精神の世界であった。Your job それは自分でせよと、当然、おまえの仕事だと誰も手をかさなかった。潤沢な予算がない者にとっては最高の環境であった。

英文のプレス・リリースを片手にたどたどしい英語。頼れるのは自分しかいなかった。

プレス・リリースを読めば相手は航海の概要を理解できた。出かけていく勇気があるか、ないかで決まった。たどたどしい英語であっても、face to face の説明はどんな名文より説得力があった。相手の目をみれば相手が何を考えているのかよくわかった。相手も私を理解しようと努めてくれた。

プロデューサーのケビン・レーガン（Kevin Regan）はナイスガイ。

次世代を担う子どもたちのために……、啓蒙運動をするのでなく、結果として環境保全につながれば……。

“Boat is made by Beer Kegs & Recycled Pet Bottle and Kenichi Horie is 60 years old etc.”

全てが Very interesting だった。

もともと東京ロイターの川名から話を通してもらっていたが、ケビンの快諾を得て私はハッピーであった。CNNとロイターの取材があれば鬼に金棒であった。

ロサンゼルスの日本のマスコミ支社に再度お願いをして同じ道をサンフランシスコに引き返した。コーリンガまで来て時計の針は夜中の12時をまわっていた。フリーウエイを下りモーテルを捜した。一泊30ドル、簡易なベッドとシャワーにありつけた。カエルの合唱が歓迎してくれた。

カエルの合唱を聞き入っているうちに、遠い遠い昔、母方の祖父母の田舎の家で田んぼのカエルの合唱を聞きながら眠りについた子どもの頃のことを思い出していた。祖父母をはじめあの頃の人はみんなすでにこの世にはいなかったが、いま私はアメリカの片田舎の宿のベッドにひとり横たわってカエルの合唱を聞いている。まどろみの中、何とも言えぬ不思議な思いが襲ってきた。そして心地よい疲れが深い眠りに私を誘った。

朝7時、税込みで30ドルをカードで払い宿を後にした。朝もやの中フリーウエイの両サイドは黒い塊が延々と続いていた。来る時には気がつかなかったルート5の名物、牛の匂い。あの牛たちがまだ眠りから目覚めていなかった。アメリカの牛はたくましく彼らには牛舎がなかった。広い大地に黒くて大きな体を横たえていた。

フロンティア・ストリップ・グレートプレーンズからほど遠くとも、ゴールドラッシュ以降、まさにここは西部、ジョン・ウェイン、ゲーリー・クーパー、ヘンリー・フォンダ、クリント・イーストウッドの世界があった。焚き火にコーヒー、カウボーイがワイオミングやミズーリまで沢山の牛を移動させる西部劇を思い出していた。

気分はルンルン少しハイになっていた。

▼セルビア空爆

その頃ヨットクラブのバースでは着々と出航の準備が整っていた。クラブハウスは浮き足立った空気で満たされていた。お祭りの日が近づくあのうきうきとした気分と似ていた。

パット&シーシー、ジェネラル・マネジャーのルス、アシスタント・マネジャーのキャティ(Cathy)は出航セレモニーの準備であわただしかった。私の希望はほとんど受け入れられ、私達の間には不思議とバリアはなかった。ヨットクラブの人々は元コモドア宅に世話になっているKen Dotaと私を遇した。

出航まぎわの前々日、突然のNATO軍によるセルビア空爆が始まった。TVのニュースは朝から晩まで一日中このニュース一色になった。この情勢だとCNNとロイターの取材はなくなることが予想され運の悪さを呪った。が、希望だけは捨てなかった。

堀江謙一の場合必ずといっていいほど大きな事件が直前に起きた。

堀江の自宅も被災した阪神大震災(1995年1月17日早朝、空前の惨事6000人の死者は記憶に新しい)。記者発表のニュースリリースを発送した当日の朝だった。

ハワイ寄港時もコロラド州コロンバインでハイスクール銃撃事件が起こった。生徒2人が銃を乱射、生徒ら13人を殺害した。米国校内乱射事件としては最悪の事件で銃社会米国の深刻さを浮き彫りにした。朝日ロサンゼルス支局長の都丸は雪のコロラドデンバー空港で足止めを食らい常夏のホノルルの取材を諦めざるを得なかった。

何時もハラハラの連続であったが何とか切り抜けてきた。

世界情勢はどうすることもできず運を天に委ねるほかなかった。緊迫したユーゴ情勢は悪化し、セルビア空爆はその激しさを増していった。

世界の関心事はユーゴ情勢で、我々の「MALT'S マーメイドⅡ号」の出航など取るに足らぬニュースのように思えたが、私の心配は徒労に終わった。CNNもロイターも出航当日取材に来てくれた。

悪いニュースばかりがニュースではない。サンフランシスコ出航の模様は明るいニュースとして全米をはじめ世界を駆け巡ることとなった。ワシントン、ロンドン、香港を経由して、衛星のリレーは最後に外電としてKDD山口にダウンリンクした。ロイターの川名は全テレビ・キイ局にこのニュースを配信し日本でもテレビのニュースとしてNHKをはじめ全局で報道されることになった。

世の中にはあまりにも悪いニュースが多すぎる。事件、ショッキングな事件ほどニュース性が高い。人間はあまりにも、となりの不幸に関心がありすぎる。事件、事件、悪いニュースは視聴者にけっして良い影響を与えない。戦争だって戦争を知らない世代にはかっこうよく映るかもしれない。そしてポルノや暴力的テレビ番組の氾濫などによって連鎖反応さえありうるのではないだろうか。

専業主婦向けのバラエティ番組も決して良い結果を生んではいない。

良いニュースばかりを流す日、良いニュースばかりを流すテレビ局が1局くらいあってもよいのではないかと思ったりした。

▼風がなくなる

次に「MALT,S マーメイドⅡ号」に出会ったのは4月22日ハワイモロカイ島沖であった。ホノルルからフィッシングボートで8時間、モロカイ沖は太平洋真っ只中の大海原、いつも東から西へ強い風が吹き大きなうねりがオアフのほうへ次から次へとおしよせていた。向かい風のボートはひと波ごとに船底を叩き付けられ生きた心地はしなかった。

ダイアモンドヘッド、ココヘッドを過ぎ暫らくしてから船酔いがひどくなってきた。その後私は平衡感覚の機能を完全に失ってしまった。

生けるマグロと化してぐったりと甲板に横たわること7時間、モロカイ沖の大きなうねりは鎮まることを知らなかった。

午後2時頃、真っ黒に日焼けした堀江謙一が大きなうねりに乗って元気な姿を現わした。

突然、海面から浮き上がって来たという感じであった。

消えては現われ、現われては消え、快調に帆《はし》る「MALT,S マーメイドⅡ号」、ハワイの海に猛々しくダイナミックに帆《はし》っていた。

私は蘇った。不思議と私は息をふき返し今までの7時間がうそのようだった。先程までの船酔いはどこかに消えていた。

ゆら〜り、ゆら〜り、エンジンを止めた私たちのボートは大きなうねりにゆれる木の葉だった。

太平洋の大海原に「MALT'S マーメイドⅡ号」は白く輝いていた。

久し振りの堀江謙一だった。

普段の堀江謙一と何ら変わらなかったが、キャビン中央に仁王立ちの彼は海を制覇した自信に満ち溢れていた。

ホノルル朝日の代記者は堀江謙一と3年ぶりの再会に興奮し、思わず「ホノルルの海は紺碧ですか？」と尋ねてしまった。

比較的きれいな船体から危険の知らせは何もなかった。ただ堀江謙一は「MALT'S マーメイドⅡ号は未完成の船」と一言私に言い残した。数本緩んで落ちそうになっていたボルトを締め直して明石に向けホノルルを後にした。

その先、拷問の航海が待っていようとは本人すら知らなかった。私たちも誰一人として無事の航海を信じて疑わなかった。同時にこの航海を通じて得た友人と永遠の別れが待っていようとは……。

「MALT'S マーメイドⅡ号」はカタマラン（双胴船）で追い風にかなり走る設計になっていた。サンフランシスコ〜ホノルルまでの航海が26日、ホノルル〜明石を倍の52日としてホノルル寄港を含めても85日、遅くとも順調にいけば6月20日過ぎには帰港できると堀江謙一は読んでいた。確かに良く走っていた。だが、計算どおりにいくほど自然はそう優しくはなかった。

当初、航海の計画記者発表では帰港の予定を7月末としていた。ひと月以上も早くなりそうな帰港に私はどうマスコミに説明すべきか思案していた。サンフランシスコ・ヨットクラブでの出航式の時にもニュース・リリースに書かれている日時よりも1カ月も早い帰港を記者からきつく質問されていた。正直な気持ち、少しでも遅くなるほうが私には都合がよかった。別な意味でも早く終わって欲しくなかった。航海が無事終わることは喜びでもあったが終わってしまう寂しさのほうが大きかった。

堀江にしても日々航海を楽しんでいるわけで終わりが近づくと、もう終わりかと名残惜しさを感じていた。航海の準備をしている時が楽しいといつも言っているのはそういうことなのだろう。

南鳥島、東京から南東に約１９００キロメートル、日本の最も東にある白いサンゴ礁に囲まれた小さな島、周囲６キロメートル、太平洋戦争中４５００人の兵士が駐屯していた。米軍の空襲、艦砲射撃があったが硫黄島のような玉砕はなかった。１９６８年米軍統治より返還されまたの名をマーカス島ともいう。未だ、さびついた戦車、大砲、地下壕などの戦争のつめ跡を残しているが静かな自然な島に戻っている。当時は気象庁、海上自衛隊、海上保安庁の合計37人が駐在し、気象観測、滑走路維持、航行電波管理などにあたっていた。この島の南を通過して6日、硫黄島東７００キロメートルあたりからパタリと貿易風が弱まった。朝日、毎日新聞社の社機が飛んだ前日（6月11日）から風がまったくなくなっていた。

この航海では典型的なアナログ系の堀江謙一もパソコンに挑戦していた。出航までにメールの交換、写真の送信そしてインターネットの接続まで、何とかできるようになっていた。上出来であった。

船上で衛星電話とパソコンの接続に取りかかったが、新しい試みは失敗に終わった。10年来の堀江謙一の友、ジョー（Josiah Knowles）の努力にもかかわらずマゼラン社の衛星電話とソニーのパソコンVaioの相性が悪かった。そのため出航以降、航海中の私とのホットラインはパソコンのメールをあきらめ衛星電話での交信となっていた。ハワイでも衛星電話とパソコンの接続を再度トライしたが相性は良くならなかった。

衛星電話の調子は時々途絶えることもあったがおおむね調子は良かった。電話が元気づけになればと思い、風がなくなったあたりから午前11時と午後6時の1日2回の定時交信にした。

走らない時ほど疲れるのか、声のトーンでその時の調子が良くわかった。

7月2日都井《とい》岬沖（鹿児島県）、黒潮にのったあたりから「MALT，Sマーメイド II号」の様子が一変する。走りに走りすぎていた。

それはあり得ないことだった。

「夜でもゴールしたい」、一体何が「MALT'S マーメイドⅡ号」に起こったのだろうか？

馬鹿な！　彼は何ということを言うのだろう？　今までの堀江謙一と違っていた。そういえば、フィリピン沖の熱帯低気圧発生の情報に、夜も眠れなかったと過敏に反応したことがあった。

そして紀伊水道での逆風のアクシデント、今まで聞いたこともないほど彼の声は疲れきっていた。

「壊れるのは時間の問題」と、その時初めて堀江は「MALT'S マーメイドⅡ号」の状態を明かした。

私は驚愕した。気も動転した。救難要請ともとれた。

支援のサントリー佐治社長からは人命救助を第一にと要請があった。遭難してからの救助活動では手遅れになる。なぜ救助できるのに救助しなかった？　自問自答、思案のしどころであった。

堀江は「何とか頑張る」とも言っていた。正式に救難を求めてはいなかった。

ここは腹を据えて堀江の意志を尊重することにした。

海洋冒険家は冒険家としての処し方があることだろう、どんなことがあっても彼を尊重すべきと思った。万が一のことが起こった場合、自分が全て責任をとる。どんな責任の取り方があるのだろうか？　そんなことを考えている暇はなかった。

いつでも救助できる体制をと気は逸った。

私からの状況報告に海上保安庁はいつでも救助できるよう5管本部の巡視艇を徳島橘湾に待機させた。空の警戒機からも私のほうへ「MALT'S マーメイドII号」の位置や船首の方向などの近況を知らせてくれた。ここで問題なのが救難要請は誰がするのか、船長あるいは私のような航行管理者なのか厳密には曖昧だった。誰が要請をするのか？ そのようなことを言っている場合ではなかった。

この時、「MALT'S マーメイドII号」は船体（双胴）を繋ぐ横棒6本中5本が破裂して立ち往生、逆風の中、前進しようにも前進できない状態であった。

残す1本が破裂すれば船体はバラバラに、この逆風では時間の問題のようだった。

破裂は日付変更線を越えたあたりから始まったらしい。ボルトをしっかりと締めすぎたためか継ぎ目に遊び（余裕）がなかった。次から次へと破裂、じわ〜っと引き裂かれる金属音は堀江謙一をも覚悟させせた。拷問の航海といっても言い過ぎではなかった。毎日の交信で彼はこのことについて一言も触れていなかった。「余計な心配をかけてはならぬ」彼らしい配慮であったが、貿易風がなくなったあたりから声の調子に元気がなかった。

私は風がないせいと思っていたが、それが風と無関係だったとは……。

カチャン、カチャン、1本また1本。その音で破裂するのがわかった。生きた心地がしなかった。

カタマランには欠点があった。2つの船体にかかる水圧が均等でないため船体を繋ぐ横棒に負荷がかかり過ぎた。往々にして長距離の航海には向かない構造であることを後日聞かされた。設計者はカタマランの設計は今回が初めてであった。設計ミスだったかもしれなかったが堀江謙一は彼を責めてはいない。英雄多くを語らず、勝者は語らずなのである。

遭難救助なら即、記者会見。「あわや、堀江謙一遭難か？」その模様が頭をよぎった。まさかリスク対応が自分の身に起こるとは。

堀江謙一と太平洋の信頼関係はどこへ行ったのだろうか？

この時、私には無事を祈ること以外になす術《すべ》がなかった。

一方、帰港取材を受け持つ明石市記者クラブでは記者達の間でかなりの苛立《いらだ》ちが起こっていた。「ゴールはどうなってんや！」と怒号が飛び交った。記者たちは市の広報公聴橋課長、斎藤課長の状況説明に不満を露わにした。

そこで緊急の記者説明会を行なったが2時間もかかってしまった。

記者クラブの牢名主的存在の朝日酒井支局長のド迫力、詰め寄る記者たち、記者クラブの怖さを初めて知った。

事実を伝えないで遭難したら？　堀江は悪戦苦闘頑張っている。思案に思案した。

乗り切って無事帰港できることに賭けよう。終始一貫「良風待ち」とした。一言も漏らすわけにはいかなかった。記者達は何とか納得し風待ちの状況を理解してくれた。

この紀伊水道での危機的状況は私の心配と逆にマスコミ報道にはプラスに働いた。

このころ東京ではDPRの中村が450件宛のリリース作業のため奮闘していた。5台のFAXマシーンはフル稼動、「MALT,S マーメイドⅡ号」の最新の状況を送った。〝風の難所　紀伊水道、南風を待つ「MALT,S マーメイドⅡ号」〟。1日2回の速報リリースにマスコミは大きく反応した。

NHK「クローズアップ現代」の川上記者、伊藤チーフカメラマン（大阪）の記者魂が騒いだ。彼らは時化た紀伊水道へ出かけていった。

明日にもゴールか？　NHKのニュースに続いて次々とヘリが飛んだ。

その時、堀江謙一は最悪の状況にあった。テレビの画面、疲れきった表情が物語っていた。それは私にしかわからなかった。

それでも取材ヘリが来るたびに、堀江は懸命に手をふって応えていた。

▼市役所の会議室

明石市役所の会議室を私は占拠していた。会議室は堀江の安否を心配する重苦しい空気が支配していた。取材に駆けつけた山田カメラマンがいつのまにか私のアシスタントとなっていた。

山田カメラマンは元毎日の写真部員。サンフランシスコ、ホノルルにも取材に来てくれ毎日新聞へ写真をPC送稿してくれていた。海図にコンパス、そして携帯電話の予備の電池までを買いに大阪、神戸に走ってくれた。山田は孤軍奮闘の私を見て放っておけなくなった。

海図に現在の位置を書き込む。

風に押し戻され前進できない「MALT'S マーメイドⅡ号」。

現在の状況を想像した。ひょっとしたら?

緊迫感が漲《みなぎ》った。

「バラバラになるまで、最後の最後まで頑張らして下さい！　頑張ります」堀江謙一のいつもの丁寧な語り口は変わらなかった。きわどい状況であることがひしひしと伝わってきた。

市の財政企画課の北條と山田カメラマンは私と堀江謙一との交信に固唾を呑んだ。

海上保安庁へは堀江謙一と交信後、5管本部（神戸）、神戸保安部、3管本部（横浜）へと逐次状況報告を入れた。

由良町の中家にはワッチのため時化た海に出かけてもらった。波風が強く、ただ見守るだけで何の手だてもできないとの報告だった。

その頃、由良では中家宅に国重も待機し私と連絡を取り合い救助船の手配について話し合った。

万が一の救助のためにマグロ船を捜したが、この時期ほとんどのマグロ漁船は出払っていなかった。やっとの思いで徳島県甲ノ浦漁港のマグロ漁船を見つけた。

今なら間に合う、最後の最後、私は堀江謙一の覚悟の確認をとった。

堀江謙一はきっぱりと救助船を断った。

思った通り海洋冒険家としてそれは許されないことだった。

私は彼が死ぬ覚悟であることがよくわかった。彼の意志を尊重しよう、そして彼の意志に素直に従うことにした。

たとえ、誰かが救助すべきと言っても聞き入れなかった。

そして私も覚悟した。何があっても全責任は私にあると。

海上保安庁は警戒態勢を続けた。海保とのやりとりのなかで自然と互いに信頼関係ができあがるのを感じた。それが私にとって唯一神頼みのような救いとなった。

▼悪魔の河・祝ゴール

その頃、数マイル先には黒潮が悪魔の河のように今にも「MALT'S マーメイドⅡ号」を呑み込もうと待ち構えていた。人間は自分の都合で天使、悪魔を見分ける都合のよい動物にできていたが、自然は人間の都合とはまったく関係なかった。この時点で我々にとって黒潮は悪魔の河であった。

悪魔の河は人間の都合など容赦なくはねつけ、夢、希望、期待を木っ端微塵に砕こうとしていた。固く結ばれた紐《ひも》をたぐるように黒潮はじわじわと「MALT'S マーメイドⅡ号」をたぐりよせていった。黒潮は3ノットの速さで潮の岬の方向へ流れていた。

バラバラにならなくても黒潮に呑み込まれたら、もう二度と明石には帰って来られない。それ以上に日本に帰りつくことさえできないだろう。

きっと海の藻屑と消え去ってしまうことだろう。ニッポンチャレンジの難波誠が永遠に帰らぬ人となったように。

「がんばってくれ！　持ち堪えてくれ！」悲鳴に近い願いが芦屋、明石、由良、四日市、東京にあった。妻の堀江衿は芦屋の自宅で祈りつづけた。このような事態は私にとって初めての経験だった。一人でも多くの人々の強い祈りと大きな心配が事態を好転させるエネルギーになり得るように思えた。

漂流状態に近い暗黒の海で彼はどのような思いをし、どのような手立てをしているのだろうか。「祈ってくれ、心配をしてくれ！」私はそのように自分の内で多くの人々に叫んだ。

紀伊水道に入って4日目であった。その多くの人々の祈りが通じたのか7月6日の朝、がんばり続けた堀江謙一も何とか持ち堪《こた》え、運良く紀伊半島南端で黒潮反転海流に乗ることができた。女神の微笑が感じられた。

強運の持ち主か！　そう思えた。だが堀江謙一は多くの経験からいつも冷静に対処していた。いつか変わることを信じ諦めず、じっと風、波が変わるのを待ち続けた。

風向きも変わり一挙に事態は好転に向かった。午後には林賢之輔氏の乗った「マーメイド号」と由良沖でミーティングできたとの知らせも届き、緊迫はいっきに安堵へ変わっていった。

それは今夜がヤマ、峠を越えた安堵に近かった。心配は潮が退くように消えていくのがわかった。これで大丈夫、市役所の会議室に安心感と共に明るさが戻ってきていた。

さあ帰港の準備にとりかかろう。中村たちも帰港準備のため続々と明石にやって来た。

本州四国連絡橋公団の協力により明石海峡大橋にも一辺14ｍ四方の「祝ゴール」の文字がかかげられた。１９９８年5月の大橋開通以降初めてのことであった。まさか公団が橋げたに文字を掲げてくれるとは、その意気込みは驚きであった。ゴールの事情説明に公団に伺った時、挨拶はそこそこに相談を持ちかけられた。経費に余裕のない私は反対意見であった。

公団は「ＭＡＬＴ'Ｓ マーメイドⅡ号」のゴールを大橋にとって絶好のＰＲチャンスととらえていた。

現場を確認しないで断ることはできなかった。橋の上に上がってみた。

海峡を眺めてみた。初めて見る海峡はひろびろして気持ちがよかった。

この真下を「ＭＡＬＴ'Ｓ ーメイドⅡ号」がゴールする。ゴールの様子が目に浮かんだ。

この初めての試みは面白いではないか、やるべきという思いがふつふつと頭をもたげて来た。こんなチャンスはそうあるものではなかった。初めての試みはなにが何でもやるべきと思い始めた。

オフィスに戻った私は急先鋒の推進論者に変身していた。

公団の人々はこの変わり身に驚いた。

ヘリの取材では上空から朱の文字「祝ゴール」が橋を走る車よりも大きくクッキリと見えた。

公団の平原課長、今井さん、思いがけないプレゼントをありがとう。公団のイメージとはほど遠い人たちであった。

二人と約束した1000円ビアホールでの一杯は後日にして岸壁は帰港セレモニーの準備であわただしくなった。

お帰りなさい！　子ども達の合唱がこだまする。午後3時30分、堀江謙一は明石大蔵海岸の岸壁に立った。

何事もなかったように爽やかな笑顔だった。足も軽やかでふらつくことはなかった。

着岸検疫、入国審査も終わり記者会見が始まった。

大変な航海を乗り切った！　そのようなことをおくびにも出さず堀江謙一は淡々とさり気なく航海を振り返った。

堀江謙一らしい航海、記者には太平洋が穏やかな海のように感じられた。

彼は船体にダメージがあったことを話したが、爽やかな笑顔で語る堀江謙一を前に誰一人としてそのことについて質問をした記者はいなかった。

航海は成功。今度は日本から海外に帰港の模様がニュース配信された。アメリカで、ヨーロッパでテレビニュース報道されることになった。

「MALT'S」の文字は明石発のニュースになって世界を駆け巡った。

翌朝、地元小学校の生徒250名と海岸を清掃する堀江謙一の姿があった。昨日まで死と隣り合わせの悪戦苦闘の海上にいた者とは思えないほど元気だった。子どもたちは「凄～い、僕も大きくなったら太平洋を冒険したい」と夢をふくらませ堀江謙一を囲んだ。サンフランシスコとホノルルで行なわれたＮＴＴ、東海大学小林平八郎教授（海洋学部）、グレッタ、ダッグそしてヘイグたちの協力によるテレビ課外授業に参加してくれた子どもたちだった。

「チャレンジとは？」「海の大切さとは？」「ダイオキシンの怖さ」も海の向こうの新しい友達に伝わった。

日米の子どもたちが積極的に意見を交わした課外授業。子どもたちは日米の友好の域を遥かに超えていた。

確実に新しい時代がやってくるのが見えるようだった。

ＩＴ革命による新しい時代は直ぐそこまでやって来ている。凄い時代になりそうな予感がした。

「進む方向が見えない今の日本、だからこそ夢を持たなければいけないことがわかった」とｅ‐メールをよこした高校生もいた。

明石市は堀江謙一の航海の成功を称え「ＭＡＬＴ'Ｓ マーメイドⅡ号」を永久保存することに決めた。

長い夏が終わり秋風が吹き始めた明石大蔵海岸、主人と別れたビア樽ヨット「ＭＡＬＴ'Ｓ マーメイドⅡ号」は人気のない浜辺で一人静かに休み、航海の疲れを癒そうとしていた。

そのダメージをうけた船体は航海の凄さを物語っていたが、それを誇るでもなく秋風に身をまかせていた。

またいつの日か訪れる人々に航海を物語り、チャレンジすることの素晴らしさ、夢を持つことの大切さを教えてくれることだろう。

"Rest peacefully, My boat!"

堀江謙一は「ＭＡＬＴ'Ｓ マーメイドⅡ号」に別れの挨拶をした。

第4章
グレッタさん

▼グレッタさん

91年の米西海岸サンディエゴ。私はスポンサー側のプロデューサーとしてＰＲの陣頭指揮に立っていた。と言っても部下はいなかった。「帆船海星号の航海」（朝日新聞・小学館主催）で杉本ロス支局長が取材のため私とサンディエゴへ同行したが他紙他局の取材は1社もなかった。私は日本のメディアの取材が期待できないなら米のメディアに狙いを定めていた。

グレッタは「海星号」の米側代表のメアリーのアシスタントとしてサンディエゴ港入港の運行管理、イベントの仕切りを行なっていた。一方、パナマ運河を東から西にぬけた「海星号」はカリフォルニア半島の突端カーボサンルーカス沖の荒波をまともに受けていた。

次の寄港地サンディエゴを前にして南下する潮流になかなか乗り切れず前進を阻まれていた。予定通りの日時に入港ができるかできないかでメアリーと私はバトルを繰り返した。運行管理をコントロールできない私はメディアの取材に支障をきたすと一人ホテルの一室で思案に明け暮れ眠れない夜をすごしていた。

「海星号」は大儀見薫が主宰する日本セールトレーニング協会の帆船。グレッタは大儀見の親友で米セールトレーニング協会を主宰するメアリー・クロウリー（Mary T. Crowley）のアシスタントをしていた。若くて溌剌《はつらつ》とエネルギッシュに仕事をこなしていた。

ところがエネルギッシュであればある程我々の間には越えるに越えられないギャップが立ちはだ

かり、何かとひとつひとつ、もめた。彼女たちにしてみても日本人と初めてのコラボであったため私のやり方が理解できなかった。彼女たちには私が無理難題を吹っ掛けるギャング・チビッコにしか思えなかった。それでも同じ船、同じ釜の飯を食った仲間とはよく言ったもので、もめているうちにそれを乗り越え互いに理解しあえる仲間になっていった。以来、堀江謙一の航海のアメリカのPR担当として私を助けてくれることになった。

その後、グレッタは独立しシートレーニング協会を立ち上げた。サンフランシスコ湾で帆船ハワイアン・チーフテンをレンタルして子どもたちを対象にセールトレーニングを行なっていた。そして、グレッタの自慢は「フレダ」（1885年建造）、〝サンフランシスコ湾の Matriarch（女族長）〟と称えられた全米で2番目に古い木製のセールボート（ガフ・スループ）を所有していることだった。しかも現役で帆走しているのは「フレダ」のみだった。

亭主のアルは元々コーストガードの保安官で根っからの船乗りだった。SFマリタイム・ミュージアムの「アルマ」（ALMA、1800年代サンフランシスコ湾で活躍した穀物運搬船）のメンテナンスをボランティア責任者として引きうけていた。「アルマ」の美しい姿をサンフランシスコ湾で時々見かけられたのも彼の仕業だった（残念ながら彼は一昨年55年の人生に幕をおろしていた）。

二人は1996年、4年前の「海星号」を取材してくれたCNNのカメラマン、ロバート・ジョンソンを説得し彼のアシスタントとしてガラパゴスに「MALT'S マーメイド号」の堀江謙一を取材に来てくれた。彼らのおかげでCNNの番組「Feature Watch」で20分も環境に優しいソーラー・ボート「MALT'S マーメイド号」の航海が紹介された。「MALT'S マーメイドⅡ号」の出航のPRも大成功でエクアドルの出航式と同じように全世界のTV局でニュース報道があった。ロイターTVのプロデューサー ケビン・レーガンの協力があった。

ヨットクラブの幹部たちにモニターリングを見せる彼女は誇らしげであった。

それからすでに3年が過ぎさった2002年の7月。

「MALT'S マーメイドⅢ号」のゴールを目前にして、私は前夜から徹夜の作業。うとうとと眠りかけた時、堀江謙一から「風がなくなった」と一報が入ったのが朝の5時頃だった。新聞社、TV局へ取材艇の運行等の時間変更を伝えるために彼女と私は大変な思いをすることになった。いつものことだが風任せの堀江艇は自由がきかない。その上サンフランシスコ湾の潮流も計算に入れてのゴール、一度チャンスを逃せば真夜中のゴールになってしまう。薄氷を踏む思いの作業となった。我々にはいつも肥満になる暇などなかった。

▼太平洋ど真ん中

アラスカの州都ジュノーにコーストガードを訪ねた。そしてシアトルのコーストガードを訪ねることができたのもグレッタのアレンジメントのおかげであった。彼女のコーディネーションワークはそれなりに一流であった。

太平洋ど真ん中　Ⓒ S. Yamada　北緯42°54′06″、西経169°08′79″

太平洋ど真ん中で「MALT'S マーメイドⅢ号」とミーティングできたのもグレッタがチャーターボートの手配をしてくれたからであった。

太平洋のど真ん中、日付変更線のあたりで堀江謙一の帆走ぶりを取材したい私の希望に彼女は応えてくれた。太平洋ど真ん中の堀江〝青年〟、ニュースバリューは充分にあった。

アリューシャン列島のウナラスカ島のダッチ・ハーバーの6月、夏といえども寒かった。アラスカと同じようにロシア正教徒教会がロシアの名残をとどめた荒涼とした風景は高緯度の厳しさを物語っていた。1年前に来た時には船は見つからなかった。4輪駆動のトラックがレンタカーだった。小さな町を外れると静寂が支配する世界、〝デジャヴュ〟（déjà-vu）なんだか懐かしい。以前この景色を見た感じさえした。それは1万5000年前、まだ陸続きのアリューシャンを渡りアメリカ大陸に移動したと言われる人類が自分のルーツではないかと思えるような懐かしさだった。

太平洋戦争時、日本軍はキスカ、アッツその次にダッチ・ハーバーを攻撃目標にしていた。ウナラスカ島はその攻撃に備え高射砲陣地を配し、山の壁にトーチカを備えた要塞の島だった。1942年6月3日と4日、日本軍の空襲に遭った。米軍は不時着した無傷のゼロ戦（アクタン・ゼロ）を米本土サンディエゴに送り修復し、ゼロ戦の秘密をさぐった。太平洋戦争における最高の鹵獲《ろかく》物（戦場などで奪った敵軍の兵器や補給物資）の一つで、日本軍を震撼させた。ゼロ戦の弱点を知ることによって戦争の終結を早めたとも言われた。翌6月5日、暗号を解読された日本艦隊はミッドウェー海戦で決定的な敗北を喫した。4日と5日は太平洋戦争の流れを一気に変えることになった。

現在でもブックストアにはダッチハーバー空襲に関する本が並び軍国日本の記憶を新たにしていた。

グレッタはベーリング海でカニを獲る漁船「レディ・グッドニィ」（Lady Gudny、150トン）を手配してくれた。6月はオフシーズン、2万ドルでクリスティアン船長は契約にサインした。見るからに野人、だみ声のクリスティアンはフランケンシュタインを彷彿させた。

出航前日と当日の朝、宿の電話から堀江艇と連絡を取り最新の位置と速さを確認した。洋上ではインマルサット（通信衛星電話）が機能せず交信が不能であったため最後の直接交信となった。平均時速から3日後の位置を予測して船長以下コックと3人の乗組員を乗せた「レディ・グッドニィ」は食料と燃料を満タンに詰め込み、午後には山田カメラマンと私を乗せて出港した。白夜に近い真夜中、潮の流れが10ノットもある難所ウナルガパスを避け、アクタンパスの潮の流れをうまく利用してベーリング海を抜け太平洋に出た。

西経167度から西へ3度、西経170度に向け南に12度、片道1300㎞の航海に出た。時速平均10ノット片道3日の航海、太平洋ど真ん中へむけ走り続けた。太平洋といえども北緯54度付近の海は荒く船酔いが一気に二人を襲った。私は船底の船室に横になった。ザブン、ザブン、ドーン、ドーン、「レディ・グッドニィ」は終わることない荒い波に打たれリズムを刻んでいた。鉄板の下の3000mの暗黒の海と思うと、生きた心地はしなかった。全て運を天にまかせた。その頃、上層階の船室にいた山田は大波の揺れにもてあそばれていた。ドーン、凄い奴だった。次の瞬間、体ごと飛ばされた。気がついた時にはベッドの角で肋骨を打撲してうずくまっていた。「レディ・グッドニィ」は私と山田の三半規管の機能を奪い取っていた。

シチューをぶっかけたような食事はとても食べられたものではなかったが、船長とクルーたちは山盛りに盛った皿をぺろりと平らげた。

船酔いも丸1日で何とか乗り切り2日目からはできる限り甲板に出て潮風に当たった。船底と違った。大きな波にゆーら、ゆーら、どんぶらこ、どんぶらこ、単調なリズムに身を任せた。だが太平洋は時化に近かった。

大海原は果てしなく続き、波また波の連続、波を見続けていてもいつまでも飽きることはなかった。大きな波だった。行けども、行けども私たちを遮るものはなかった。見渡す限り視界360度の大海原、この世に生を受けてから今日まで汚れに汚れた身体が隅から隅まで清められ心の底まできれいに洗われるように思われた。

水平線の彼方には行きかう船が時にあったが、この世には我ら「レディ・グッドニィ」と海と天空の雲以外に存在するものはなかった。

6月の夜空に満天の星は見られなかった。日本からのびる梅雨前線がこのあたりで終わりを迎えていた。

船長のかみさんのテレサから堀江艇へ連絡してポジション、スピード、デレクションを聞き船舶無線で「レディ・グッドニィ」に送ってもらった。ガーガーピーピーと船舶無線は聞き取りにくかった。テレサのレポートを船長は難なく聞き取っていた。

アラスカ時間19時、16ｃｈ（至近距離での交信チャネル）で交信。堀江艇は「レディ・グッドニィ」を捉えていた。暫くして「レディ・グッドニィ」のレーダーも「ＭＡＬＴ,Ｓ マーメイドⅢ号」を12時の方向に捉えた。

「どこだ！」「どこだ！」 2海里先に針1本のマストが幽かに見えた。船内に歓声が上がった。アラスカタイム20時50分、現地は日本時間18時くらいでまだ明るかった。ついに太平洋ど真ん中でミーティングに成功。西経１６９度、北緯42度。40日ぶりの洋上での再会、「ＭＡＬＴ,Ｓ マーメイドⅢ号」はセールをおろし潮の流れに乗って西海岸へ向かっていた。

何と太平洋のど真ん中は大河であった。しかしそれは緑豊かな滔々《とうとう》とした大河ではなかった。暗雲立ち込める夕暮れ時の大河は不気味で恐怖に満ち溢れていた。油断などなるものか、ただならぬ気配を堀江に感じた。リラックスした様子は微塵もなく寒さも手伝い、体全身が疲れこわばっているようだった。

1時間撮影をした後、サンフランシスコの北、レーヤー岬沖の再会を約束し、「MALT,S マーメイドⅢ号」は西に向け走り去った。針1本のマストは暗闇の中に消えて行った。

山田カメラマンが撮った太平洋ど真ん中を走る「MALT,S マーメイドⅢ号」の写真は各紙夕刊で、私の映像は後日「おはようニッポン」で取り上げられた。

東京に帰り、満員電車に乗り合わせた時、背の低い私は四方八方、人の壁に囲まれ異様な圧迫感を感じた。くらくらと眩暈《めまい》が襲ってきた。それは暫く続いた。

▼40年ぶりのゴールデン・ゲート・ブリッジ

携帯電話のベルが鳴った！「6海里沖、速度2ノット、風力3。風が出てきました！」

洋上の堀江からの声はつい今ましがたまでの声と違い、かなりうわずり興奮ぎみであった。

40年ぶりに「太平洋ひとりぼっち」を再現した「MALT,S マーメイドⅢ号」の航海はフィナーレを迎え、伸びた白髪頭の堀江がテレビや、新聞に元気な姿をあらわしたのは7月18日、西宮を発ってから68日目のことだった。

2002年、堀江はウイスキーの樽材（オーク）をリサイクルして40年前のマーメイド号を復元した。40年前にパスポートを持たない若者にサンフランシスコ上陸を許してくれた人生の恩人であるクリストファー市長に捧げる航海とした。だが時すでに遅く、市長は帰らぬ人となっていた。こぢんまりとしたギリシャ人墓地、堀江は南サンフランシスコ・コルマ、サンフランシスコ市民が眠る墓地の一角、市長の墓前に航海の報告をした。

ＰＲの面白さは何もないところからブームを起こすことでもある。企画次第、待っていては何も起こらない。堀江謙一の航海はＰＲ企画。航海プロジェクトの企画から運営管理、ＰＲまで一連の全ての業務を行なっている私は遭難対策に至るまで万全を期した。

まず日米コーストガードやヨットクラブを含め、航海にあたっての関係機関の理解を得ることから進めた。マスコミ対策は出航の1年半前の記者発表から始まった。船の建造、進水式、帆走シーンなど全て市政記者クラブを対象にニュース記事とした。その一方、ロサンゼルスの日本のマスコミ支局、欧米のマスコミ対策のため渡米、渡欧し世界のメディアにもプロモート。ニュース報道のハイライトは出航時と終航時、サンフランシスコ到着は世界のニュースに。これこそ私のチャレンジだった。

いつものように私は〝プロジェクトはこの時にあり〟と全エネルギーをここに結集した。西宮出航後68日はあっという間に過ぎ去った。いよいよサンフランシスコ到着、朝方時間変更された取材記者たちはヨットハーバーに集合した。12時到着予定、しかし風がパタリと止まった。堀江はゴールを目前にしてゴールデンゲートの沖合でまた漂った。夕刊の締め切りに間に合わないと記者は青ざめた。日本ではNHKの「おはよう日本」をはじめ全テレビ局がいまか、いまかと映像を待ち構え、新聞社も夕刊のための記事を待っていた。取材陣は取材艇に乗り込みゴールデン・ゲート・ブリッジ付近で固唾をのんでその時を待った。

「MALT,'S マーメイドⅢ号」がその姿を見せたのは3時40分、湾に向かう潮の流れは速く間一髪、全てが間に合った。「おはよう日本」は番組終了間際7時55分、「Good News! 只今、着きました！」と三宅アナが朗報を流した。

こうして堀江謙一の40年ぶり「太平洋ひとりぼっち」の成功の知らせは全世界を駆け巡った。全米でのモーニングニュース、イギリスでは1日に8回、このニュースがながれた。その日、日本ではテレビのニュースをはじめ全国の新聞が夕刊一面でその記事をカラーで報じていた。海外の出来事を日本でニュースにするのも至難の業、全紙の一面を飾るなんて奇跡に近い、ましてや全世界でのニュースに、これこそ私が挑んだチャレンジだった。

毎日新聞前主筆後大阪本社代表となった木戸さんは須田運動部長の元上司、我こそは社会部とペンの鬼のような人物で、現役時代多くの特ダネをものにした。百戦錬磨、気迫が違った。常々、軟弱な電通ごときがと叱咤激励を受けた愛すべき先輩であった。

大阪社会部出身で同じ関西の堀江謙一を応援した。4本社編集局に特集記事の要請をした。ロサンゼルス支局長佐藤由紀はサンフランシスコへ愛車ワーゲンを飛ばし、「MALT,'S マーメイドⅢ号」の原稿を送った。見開き2頁の大紙面となった。

「どちらの後援事業かわからないくらいだ」と木戸代表は大笑いした。

こうして3年に亘る熱き「MALT'S マーメイドⅢ号」のプロジェクトは終わりを迎えた。

しかし永遠の青年、堀江謙一のチャレンジは終わらない。新たな夢に向かって私の携帯電話に洋上からベルが鳴り続ける日はそう遠くなかった。

第５章

魔の岬ケープ・ホーン

▼魔の岬ケープ・ホーン

2005年1月11日（火）。

早朝6時、魔の岬と恐れられ、容易に人を寄せつけないケープ・ホーンは朝日に輝いていた。荒涼とした暗茶褐色の岩は苔をまとい、重苦しく鈍い輝きを帯びていた。

断崖が425mの山頂から大南海に没する巨大な岩礁は、どのような船であれことごとく恐怖に陥れ、威嚇する恐ろしい海の要塞のように見えた。近づくと風雪に崩落した岩肌が地の果ての風景をつくっていた。それは想像を絶する自然の厳しさを物語っていた。

3度目の岬通過、今までと今回は違っていた。岬ではチリ海軍が堀江を待っていた。

魔の海域に挑んだ先人たちの航海者魂に敬意を表したいという堀江と私の申し入れにチリ海軍が快く呼応した。だが、ケープ・ホーン（カーボ・デ・オルノス）で堀江とチリ海軍が会合できる確率は30％あるかないかであった。

気象情報は馬場正彦（㈱気象海洋コンサルタント代表）と連絡を取り合った。

海域は馬場の予報どおり四方を低気圧にかこまれ、かなりの荒れ模様。前夜から一睡もせず堀江は高ぶっていた。いつ襲いかかってくるかわからないホーンの大嵐に備え緊張のなかで朝を迎えた。

それは奇跡としか言いようがなかった。南緯56度の海に朝日が昇った。地の果ての母なる光は水平線から慈愛に満ちあふれた十字の輝きを放ち、ダイヤモンドのように眩しかった。要塞を守る黒々とした海面は一瞬にして琥珀色に染まった。

北西の風、風速10m、未明まで時化ていた海域は日の出とともに比較的穏やかになった。堀江の「SUNTORYマーメイド号」を快く迎えてくれているようだった。風速30mから40mの風雨も珍しくない荒れ狂う海は近づくものを拒み容赦なく多くの船を海の藻屑としてきた。「信じられない!」堀江自身これほど間近にケープ・ホーンを通過できるとは思ってもいなかった。だが油断はできなかった。穏やかといっても沸き立つ不気味な三角波に囲まれ、「SUNTORYマーメイド号」はその波頭の上を飛ばされている感じで進んでいた。気になる海域の天候も日変わりの余裕もなく、時間変わりで瞬時にその世界は一変し、いつ、噂に知れたウィリウォー、ホーン岬の暴風が襲ってくるか予測がつかなかった。急転直下、時には5分で天候が悪化することも珍しくないという。

最悪のウィリウォー、この気違いじみた風速は毎秒50mを越えることも稀でなく、その凶暴極まりない海域の怖さは経験した者しか知り得ないが、海を知り尽くした堀江には充分すぎるほど想像できた。

目は左舷に釘付けになった。崩落した巨大な岩石が目前に迫っていた。その幾重にも折り重なった黒い岩に打ち付けられた磯波が高々と白いしぶきを舞い上げていた。

突然大きなうねりが呑みこまんばかりに「SUNTORYマーメイド号」を襲う。迷い込んだ子羊の運命をもてあそんでいるかのように思えた。

凄まじい荒天、苦難と寒さと船酔いに代表される世界最大の海の難所、魔の岬、それ故に多くの航海者を魅了し、ヨットマンにとって聖域とまでいわれる岬中の岬。

1616年オランダの航海士ヴィレム・スクーテンとル・メールが岬を発見して以来400年近く、烈風吹きすさむこの崖を前に多くの船乗りが恐怖におののき、二度と会うことのできない故郷に残した家族を思い、またあるものは運に見放された自分の運命を呪った。容赦なく襲ってくる煮えたぎる荒波に死をも覚悟したであろう、その同じ波の上に今、自分がいる。

この世のものと思えない風景に堀江は興奮を覚え武者震いをした。それは冒険心を奮い立たせるのに充分すぎるものだった。

1月10日午後8時（現地）、私たち取材陣を乗せたチリ海軍のパトロール艦「シバル」はチリ最南端海軍基地があるナバリノ島のプエルト・ウィリアムズを出港した。

高緯度の午後0時、夏の夕日はまだ高く、紺碧の青空に艦旗チリ国旗が輪郭鮮やかにはためいていた。

「シバル」は凪いだビーグル水道を滑るように進んだ。

午前0時頃には先程まで薄明かりであった海はやっと暗闇の世界に入っていた。ビーグル水道を抜けドレイク海域に入ったのか、その頃から「シバル」は前後左右に大きくゆれはじめた。予想通りドレイク海域は時化ていた。「シバル」はホーン岬に向け、時化の闇の中を突き進んでいくことになった。

2004年10月1日に西宮を出航して、単独無寄港世界一周に挑戦している堀江謙一の「SUNTORYマーメイド号」（前長49ft、横山一郎設計）は、その時、ホーン岬の南西90マイルにあったが、北からの強風にあおられ前進を阻まれていた。チリ海軍が待つ岬への到着が大幅に遅れそうに思われた。だが朝から風が北西に変わり、ようやくホーン岬に向けて針路を取っていた。

「シバル」には乗組員以外、朝日新聞関口聡カメラマンはじめ山田カメラマン、2名のロイターチリクルー、通訳の古川一衛、そして私を含め計6人の民間人が取材のために乗船していた。

大阪朝日新聞編集局長田仲拓二は私のケープ・ホーン記者派遣要請に良い返事をくれなかった。〝堀江艇と遭遇確率30％のために南米まで記者を出すことはできない〟。〝南米最南端の豊富な取材対象、記者の育成のために……〟と、私の説得が功を奏したのか最終的に中堅カメラマンの関口を出すことにしてくれた。関口は田仲の期待通りの取材振りを発揮することになった。インマルサットMini4を携え従軍記者さながらの撮影機材を装備し、細身の体ながら食欲旺盛で誰よりもエネルギッシュに働いた。1月12日（水）の朝日の夕刊の紙面1ページを彼の写真が飾った。地球最南端の集落トロ（人口30人内子ども13人）の記事を中心とした特集記事や温暖化による氷河後退の記事が暫く朝日の紙面を飾ることになった。

山田は毎日新聞のデスクまでやったカメラマンで堀江の良き理解者でもあった。「MALT,S マーメイドⅡ号」の航海から取材協力をしてくれていたが、企画立案の初期の段階から山田のプロとしてのジャーナリスティックな視点は私を大いに助けてくれていた。

今回も朝日新聞以外の新聞社に写真配信をするため15kgも重量のある衛星通信機材インマルサットMini4を東京から持ち込んで取材にのぞんでくれていた。

通訳の古川は見るからに素朴で誠実そうな人、胡麻塩の頭髪が彼の年齢を物語っていた。長野の小布施の高校を卒業後、日本を脱出し世界漫遊の旅に出た。メキシコの語学校でスペイン語を学び、行き着いた先のチリで現在のチリ人の奥さんと出会いそのままサンティアゴに定住した。移民の成功者、写真館を営む傍《かたわ》らコーディネーターの常川の下で、取材で訪れる日本人記者のための通訳を業《なりわい》としていた。私が初めてチリを訪れた時からプロジェクトの一員として参加し、海軍との調整なども行なってくれていた。だが、船にはとことん弱く、気の毒にも釣り上げられたマグロのようにのた打ち回った。

古川は荒れ狂う洋上で全く役に立たなかった。船に乗るのは初めてだったが、世界一難所の海とくれば彼に限ったことではなかった。

ロサンゼルスからは「MALT,S マーメイドII号」の航海以来、カタコト英語の私と理解しあえたロイターTVのケビンが来る予定だったが、アカデミー賞授賞式の取材のためチリのクルーのカメラマン（Esteban Medel）とアシスタント（Filipe Rivera）が替わりにやって来た。彼らも顔に似合わず船にはからっきし弱かった。そして関口、山田、私もみんなマグロ寸前であったが、肝心な時には全神経が一点に集中し船酔いが嘘のように消えていった。

▼最南端の支局

その年、ロッジ・パタゴニアのオルティス夫妻（Pedro & Nelly Ortiz）は例年とは違った新年を迎えていた。

ハイシーズンの年末年始は稼ぎ時、欧米のトレッカーで賑わうはずだった。年の瀬から宿は緊張感が漂い最も馴染みのない東洋の客に占拠されていた。気が付けば宿の食堂が日本のメディアのアメリカ大陸最南端支局となっていた。宿始まって以来の出来事であった。

主人のペドロは世話好きでお人好し、それでいて商売には抜け目なく村のことなら隅から隅まで何でも知らないことはない村の顔役といったおやじ。射撃の名人でビーバー（外来種で北米のように天敵がないため繁殖し過ぎて森林破壊をもたらしていた）をしとめては宿の名物料理として客に勧めた。牛肉と思って食べた直後、客がビーバーと知って驚く様を見て喜んだ。また彼の自慢は彼が世界最南端のヨットクラブのジェネラル・マネジャーであることだった。彼のサインは世界の錚々《そうそう》たるヨットマンから権威づけられていた。発行する証明書は20ドルもした。

海軍の廃船がクラブハウス、結露でカビ臭くヨットクラブとは名ばかりで、おおよそヨットクラブらしくないヨットクラブ。それでも世界最南端のヨットクラブは世界のヨットマンに人気があった。ヨット人生一度は寄ってみたいヨットクラブとして人気があった。ペドロは管理人兼バーテンダー、ヨーロッパから年末年始を迎えにくるヨットマン達の世話とパーティで稼ぎに稼ぎまくって

最後の原住民族ヤーガン、クリスティーナ・カルデロン（チリ　ナヴァリロ島ウキカ村）

いた。宿ではカルチャーギャップに戸惑いながらも日本のマスコミを迎えて鼻高々の気分だった。にわか支局員にウキカ村の最後の先住民族ヤーガンと言われるクリスティーナ・カルデロン（83歳）を紹介してくれたり、世界最南端の集落トロに案内してくれたり、村のことなら何でも相談に乗ってくれた。

だが、御多分に洩れずこの気の良い主人はかみさんのネリに頭があがらなかった。いつもネリの声におびえていた。

その夜、ロッジ・パタゴニアの食堂のストーブの薪は絶えることはなかった。

支局員のただならぬ気配にペドロの気分も高揚し落ち着かなかった。

支局では取材を終えた関口と山田が通信事情の最悪の環境のもと徹夜作業で写真原稿の送信に専念していた。彼らが持ち込んだ15kgもある衛星通信インマルサットM-4は通信速度64kbpsで赤道上3万5786kmに静止する衛星と繋いでデータを送るのだが支局の南緯54度は衛星を捉えるのにぎりぎりの緯度であった。手前に高い山でもあった場合、通信は不可能であったが、幸いビーグル水道が山を遠ざけていた。

日本との電話交信はイリジウム（衛星通信電話）以外には手段がなかった。

イリジウムは電波が弱く屋内では衛星をキャッチできなかった。

暗闇《くらやみ》の中、寒風にさらされながら関口は大阪本社と、私はロイター東京（角田）、NHKリオ（中島支局長）・東京（おはよう日本・東）・神戸（別井アナ）そして共同通信（社会部デスク辻）とそれぞれ交信をした。

イリジウムは地上760kmの66個の移動衛星が地球との接続を可能にしていたが、送信機からの電波が弱いため接続はかなりデリケートであった。そのうえ、衛星と衛星との間に支局の背後にある山が邪魔をしていたためか二人は衛星を捉えるのに苦労し辺りを走りまわった。時たま雲が切れ、天井は満点の星空になった。一際耀く南十字星が二人を励ましてくれたのがせめてもの救いであった。

ペドロの興奮も急降下で萎んでいった。送信を終えた取材班は朝5時のチャーター便でプエルト・ウィリアムス（Puerto Williams）を何もなかったように去って行った。10日あまりの南米最南端の日本の支局は閉ざされ、いつのもロッジ・パタゴニアが戻っていた。

このチャーター便に思わぬ落とし穴があったとは……。

パタゴニア地方のローカル便を運航するDAP社のマネジャーのダニーからチャーター便の迎えの便にフランス人を乗せたいとの連絡があった。ハイシーズンで席もなく気の毒に思った私は親切さのあまりOKを出した。それが後々私のチャレンジを打ち砕く結果となるとは、その時私には知る由もなかった。

チャーター便を受け取る時、パイロットは〝アメージング（凄い）、クレージー、グレートピクチュアー（すごい画が撮れた）〟とフランス人がつぶやいた。一瞬何のことだろうと気になったが時間のない我々は何の疑いもなくプンタ・アレーナス（Punta Arenas）へ機首を向けた。

プンタ・アレーナス経由でサンティアゴに12時に戻った。オンタイム・フライトは運が良かった。ロイターのクルーは日本時間朝7時のニュースに間に合わすべくビデオ編集後ロイターの世界配信網へアップリンクさせた。計算通りだったが離れ業に近い作業だった。私とロイターとの信頼関係はゆるぎないものがあった。私が初めて堀江と関わった「ＭＡＬＴ,Ｓ マーメイド号」の航海（1996年エクアドル〜東京）以来、ロイターＴＶは堀江の航海のニュース価値を評価し全世界にニュース配信をしてくれていた。

私がロイター東京に川名幸子を初めて訪ねたのは堀江のエクアドル・サリーナス出航の2年前であった。ニュース配信を2年も前からリクエストする私に川名はあきれて驚いたが妙に共感した。世界を意識する私にとって川名は大いなる助っ人として現われた。海外から日本のＴＶ局への配信、さらに世界でのＴＶニュース報道へと、夢は大きくなった。それはＰＲプロデューサーを自負する私のチャレンジであった。

ビールの空き缶をリサイクルした船体に太陽電池を動力源とした「ＭＡＬＴ,Ｓ マーメイド号」の航海は地球環境保全をテーマとした航海であった。世界自然遺産のガラパゴスを通過、チャールズ・ダーウィン研究所長と洋上ミーティングを行なった。環境保全のためビールの空き缶で船を造ったことが評価され、全世界の多くのテレビ局がニュース報道をした。続く生ビールの樽を再利用した「MALT'S マーメイドⅡ号」（1999年サンフランシスコ～明石海峡大橋）も同様であった。「MALT'S マーメイドⅢ号」（2002年、西宮～サンフランシスコ）に関してはロイターの手違いかミスにより世界報道は？であった。

今回は地の果ての取材のため難易度の高い作業が求められていた。マゼランの復権の思いも込められており、「MALT'S マーメイドⅢ号」の轍《てつ》を二度と踏むことのないようにと私はロイターロンドン本社、東京支社、バーバンク支局との綿密な打合せを行なった。

用意周到、打ち合わせ通りの作業が進んでいった。それはフライトの遅延、交通渋滞等のアクシデントがあったら全てが終わりになる、時間との戦いでもあった。プンタ・アレーナス、サンティアゴ間は氷河の上空をアンデス山脈に沿ってのフライトのため天候不順でフライトスケジュールが狂うことが多かったが、その日は運良くオンタイムに飛んだ。

ことは順調にいくように思えたが、最後の最後になって思わぬことが起こった。映像を衛星にアップリンクさせるテレコム社がロイターチリの未払いを理由に作業を拒んだ。おそらく前年11月、サンティアゴで行なわれたAPECの通信料の未払いなのだろう。私の背筋に冷たいものが走る。この期に及んでという思いが交差した。

天下の電通などと豪語したところで通じる世界ではなかった。私の経験からしても日本を代表する広告会社電通と言ったところで韓国、中国はいざ知らず世界で通じることはそう多くなかった。時間は刻々と迫ってきた。すったもんだの末、毅然と「ノープロブレム！　セニョール・ドタが衛星使用料をギャランティします」、この一言でテレコム社は折れた。時計の針は午後5時を指していた。何とかその難局を凌ぐことができ、映像は世界を駆け巡った。ハラハラドキドキ、何が起こるかわからない。私は最後の最後まで気が抜けなかった。

この時こそ現場立会いの大切さを感じたことはなかった。

2時間後、日本時間13日（木）のＮＨＫ「おはよう日本」をはじめ朝7時前後のＴＶニュースは堀江のケープ・ホーン通過を報じていた。

▼インデペンデント通信社

その頃、ロサンゼルス郊外バーバンクにあるロイターＴＶ支局ではケビンとメグミ・イノウエ（Megumi Inouye）がロイターの世界配信網に映像が乗ったことを確認し大きな報道が期待できると安堵していた。だが予想に反してアメリカ全土での報道は2～3局しかなかった。

その時初めて私は自分の犯した失敗の大きさに気づいた。

フランス人にチャーター便の席を譲ったことが多くの努力を水泡に帰してしまった。

ちょうど時を同じくして、世界一周ヨットレースが行なわれていた。その日の早朝、彼らフランス取材班はケープ・ホーン沖でレース艇通過の取材を終え、何食わぬ顔で我々にチャーター便を渡したのだった。

彼らはプエルト・ウィリアムス（Puerto Williams）から簡易衛星通信でその映像をアメリカとヨーロッパへ配信した。映像クオリティはともかくニュース配信としては我々より格段に早かった。欧米のその日のヨット関係のニュースはそのヨットレースをカバーしていた。

親切が仇になったと知ったが後の祭りだった。地団駄を踏んだところで私の犯した過ちの代償はあまりにも大きすぎた。

東京ロイターに川名を訪ねて以来、常に世界への報道にチャレンジしてきた私にとって海外でニュース報道がなかったことは許しがたい大失態だった。だが、このロイターの世界配信があってはじめて日本の茶の間で堀江謙一のケープ・ホーン回航がTVニュースとして見られたのである。その意味では失敗でなく大成功であった。

日本のマスコミは12日の夕刊と13日朝7時のテレビニュースでケープ・ホーンの写真、映像を初めて扱うことになった。ワシントンのロイターニュース（REUTERS News）は私の友カン（Hyungwon Kang）記者がすでにジャパンアウト（日本を除く）で山田の写真をロイター電として世界へ配信していた。もちろん、私はチリの代表紙メルクーリオ（Merucurio）の社会部へ送稿した。

気が付けば関口記者はパイネ国立公園のグレイ氷河の取材のためプンタ・アレーナスで古川を待っていた。山田カメラマンはメリクーリオの1面を彼の写真が飾ったのを確認した後、その日のう

ケープ・ホーン、レオン錨地　Ⓒ S. Yamada

ちに東京に向けてサンティアゴを後にしていた。日本では共同電で毎日、読売、産経そして東京新聞を始め地方紙が山田の写真を扱っていた。

このニュースを待ちに待った女性がいた。堀江の妻、衿もそうであったが、献花のリースを創作した岩橋美佳だった。海に全く興味も関心もなかった自分が創作したリースが地の果てケープ・ホーンで先人達の航海者魂を称える献花になろうとは、大いなるロマンを感じ夢のような瞬間を味わっていた。テレビの画面は堀江が艦長とリースを海に投げ込んでいた。

最果ての地、ケープ・ホーンでの出来事をニュース報道し、次のポイントはオーストラリアのタスマニアだった。

タスマン海は吠える40度と言われるほど荒い海。タスマニアの東南端に位置するタスマン島を回航すれば「ＳＵＮＴＯＲＹマーメイド号」はタスマン海

タスマン海の嵐の帆走　Ⓒ S. Yamada

に入る。

噂どおりタスマン海は荒れに荒れていた。チャーターした船長は驚いた。時化のタスマン海へ出かけるなんて正気の沙汰でないと。

しかし、私たちにこんなチャンスはなかった。嵐のタスマン海にしびれた。

嵐のタスマン島沖合でのミーティング、私と山田は初めて嵐の堀江艇の映像を撮ることに成功した。地元ホバートのTV局サザンクロス（Southern Cross）からロイターの衛星にアップリンクした。映像は日本の各TV局へ、山田の写真は記事原稿と共にシドニーに駐在する各新聞社、通信社の支局に配信した。朝日は、大阪編集局へダイレクトに送った。

記事原稿を送るために宿をとると、いの一番にパソコンの送信テストをした。宿の目安はインターネットができる環境にあるかどうかにあった。ホバートのヘンリージョーンズホテルは申し分なかった。嵐のタスマン海から引き上げ、さあ原稿を送ろうと張り切ってパソコンを立ち上げた。山田と私は顔面蒼白になった。昨夜遅くまで何不自由なく通じていたインターネット回線がなぜか不通になっていた。入稿時間に間に合わないどころか原稿そのものが各社に送れない。支局長は我々の原稿を待っていた。レセプションに問い合わせても原因不明と私は怒り心頭。時間は迫って来るし、焦りに焦った。

昨夜の当直が節電のためインターネット回線をたまたまダウンして帰宅したためと判明し、何とか難を凌ぐことができた。よりによって送信日に起こるなんて。

のどかな漁港町ホバートには我々のニーズに対するサービスは皆無であった。彼等は彼等で時間に追われる我々を理解するのに苦しんだ。

辺境の地での作業が多い我々にとってホテル事情によって思わぬ落とし穴があった。チェック、チェック、さらにチェックの事前テストをしつつも、はらはらドキドキ、いつも冷や汗のかき通し、痩せる思いの際どい作業の連続であった。

地元紙メルキューリも嵐の世界一周航海士と報じていた。

山田と私はこの航海を通じてれっきとしたインデペンデントの通信社になっていた。

▼パタゴニアにて

堀江と私は今回の航海のハイライトをケープ・ホーンにフォーカスしていた。

フェゴ島ダーウィン山脈の氷河

思えば3年前、私はどこまでも果てしなくつづくパタゴニアの大草原を前にしていた。すみきった青空に白い雲がくっきりと浮かび、時間はゆっくりと流れていた。世界の喧騒から最も遠く、テロや戦火と最も無縁の地に思え、1973年から16年間も続いたピノチェト恐怖政権時代があったことすら嘘のように思えた。どんなことがあってもここまではミサイルも飛んで来ることはないと確信した。2001年9月11日（火）のニューヨークのテロ以来、いかにイスラム過激派によるテロや核戦争の脅威と隣り合わせにいる自分を改めて思った。そのまま目を右に追っていくと湖と思えるほど穏やかな海があった。魔の海峡と恐れられ、世界で知らぬ人がいないマゼラン海峡だった。過去に多くのスペイン艦隊を呑み込み、多くの悲劇をもたらした恐ろしい海峡には見えなかった。ただ地面

マゼランの銅像（プンタ・アレーナス、アルマス広場）

を這いつくばい整然と一方向に伸びきった草木がその恐ろしさを物語っていた。

目指すホーン岬はさらに氷河を越えた100km南にあった。

その時、私はホーン岬にたどり着く術《すべ》を持ち合わせていなかった。ウオラストン群島のホーン島（オルノス島）付近は危険海域のため地元の船舶は全て航行禁止になっていた。

初めてマゼラン海峡を目にし、プンタ・アレーナスの公園でマゼランの銅像を見上げた時から全ては始まった。砲身の上に立ち遥か彼方を見つめるマゼランの足元に悲しげな先住民族、海峡発見400年を記念して1920年、地元の財閥メネンデズが寄贈した。先住民族から土地を取り上げ、移民の西洋人がこの最果ての地全てを支配した。19世紀プンタ・アレーナスは国際貿易の要地として繁栄し、その上、パタゴニアの良質の羊毛が莫大な財をもたらした。マゼランのおかげと言わんばかりの銅像。私には何かが違った。

マゼランは何のために航海をしたのだろうか？　何か気にかかった。

そこには我々の知られざる航海士マゼランがいた。不撓不屈《ふとうふくつ》の航海者魂、艱難辛苦《かんなんしんく》の航海、魔の海峡、魔の岬、恐るべき海洋史があった。マゼランは先住民族を征服するための尖兵として航海をしたのではなかった。

思えばマゼランの航海者魂は全人類のためにあったと言ってもよかった。たかだか500年前のことであったが彼が成し遂げたこと（世界周航の道筋を発見）によって、当時のヨーロッパ人の地理観を根底から覆し世界は大きく変貌していった。その後、彼に続く航海者達によってあっと言う間に地球の全貌が明らかにされていった。そして人類は我々が今日知る地球を初めて知ることになった。

今日ヨットマンが壮大なるロマンをもった航海ができるのも彼等先人達の命知らずの航海によるものである。

堀江はマゼランをはじめ先人たちの航海者魂を称えるに相応しい航海者の一人であり、ホーン岬はそれに最も相応しい場所に思えた。だが、魔の岬ゆえチリ海軍の協力なくしては全てが不可能であった。

駐日全権大使デメトリオ・インファンテ大使を通じてチリ海軍南部管区指令提督に協力要請をし

た。私はプエルト・ウィリアムスにロバート・マックチアベイヨ（Roberto Macchiavello）司令官を訪ね快諾を得た。

▼悲劇の提督マゼラン

出港から4時間が経過した真夜中0時。チリ海軍パトロール艦「シバル」（510トン、クラウディオ・ジャネス・アギレラ艦長）では6人の民間人が全員激しい船酔いに襲われていた。

「我々はホーンの北東にいる。これより岬の西の海域に出ると恐らく海の状態はさらに悪化する。この時化の中で堀江艇とミーティングできる確率は良くて30％しかない」とジャネス艦長は言った。ここまで来て気象海洋の馬場に天気図を確認したところで意味がなかった。

私は全て運を天に賭けるしかなかった。

全てが水の泡に帰してしまうことは私には許されなかった。

「ホーンの厳しさは百も承知、30％に賭けよう」。

私はジャネス艦長に全力を尽くして堀江艇をキャッチするよう頼んだ。

私は艦長の指示で堀江と交信を試みる。ブリッジ内はイリジウム（衛星電話）の電波状態が悪く、暗闇のブリッジ横の暴露甲板に出る。雨の中、「シバル」は大きく前後、左右に揺れていた。何度も交信を試みるが艦のレーダーの電波に邪魔され、なかなか通じない。今までも肝心な時に往々にして通信が途絶えることがあった。

「またか?」「地の果て、ここまで来て、なぜだ! 頼むから通じてくれ!」。

体が艦の揺れに逆らい一気に吐き気が襲ってくる。吐き気を堪え、必死のトライ。やっとの思いで通じた。興奮気味の堀江の声、40マイル先に堀江艇がいた。

だが、船酔いで憔悴しきった頭には現在位置を確認し、記憶しようにもその力はほとんどなかった。緯度経度をメモするにも明かりもない。また吐き気が襲ってくる。

何とか電話帳にと持ってきた携帯電話を取り出した。水晶画面の明かりは暗闇に慣れた瞳孔にはまぶしく、メモをとるには充分すぎる明かりだった。

午前2時、2度目の交信。この頃になると横殴りの雨になった。3時、4時と定時交信は続いた。暗闇の時化の中で「シバル」と「SUNTORY・マーメイド号」の距離は着実に近づいていった。

ホーン岬近海で沈没した船の数は1998年まででで記録に残っているだけでも96隻、中には500〜600人規模で全員死亡した船もある。この海域は南極に近く、常に強風が吹き荒れる世界一の海の難所として知られる。日替わりの天気でなく、時間替わりの天気ともいわれる。ほんの1時間で凪から大時化に変貌することも珍しくない。時には5分で地獄の海になることもある。

堀江と私の念願であった、マゼランをはじめとする海の先人たちに敬意を表わす熱意が通じたのか、不思議と夜明けとともに風雨は弱まっていった。

午前4時、16チャネルでの交信。堀江から「艦艇の明かりを確認」との連絡。艦長自ら双眼鏡で

チリ海軍ジャネス艦長以下兵士と筆者　Ⓒ S. Yamada

疑視するが大きなうねりの中、「シバル」からは確認できない。

「あっ！あそこだ！」、午前5時、堀江艇発見。ホーン岬へ向け針の糸の太さのマストがかすかに揺れていた。艦内に歓声があがった。

チリ海軍「シバル」ジャネス艦長（Capitan de Corbeta Claudio Yanez）以下水兵21名の出迎えを受け、両国の国歌がアメリカ大陸最南端の岬に響きわたった。水兵は歌い風が止まった。静寂以外に遮るものは何もなく国歌はホーン島の全てを覆いつくし、さらにこだまとなってビーグル水道を越え、果てはマゼラン海峡まで達するのではないかと思えた。

迎え風を受け東から西へ向かうヨットが見える。アゲインストの風に果敢にタックをしている青年……。31年前の自分が見えた。若かった。振り返ればあの時は雪辱の航海であった。単独航海を始めて43年、思いは走馬灯のごとく、それは堀江が今まで味わったことのない心地よさであった。サンフランシスコ、ゴールデン・ゲート・ブリッジで味わった初めての航海『太平洋ひとりぼっちの航海』、あの感激とは違った。

ジャネス艦長以下21人の水兵と共に、救難活動で亡くなった英霊、魔の海域で遭難し亡くなった多くの航海者を献花をもって追悼した。またスマトラ沖地震による津波で亡くなった人々の冥福を祈り、黙祷をささげた。

愛する海は時としてとてつもない犠牲を予告もなく我々に強いるのである。

彼らが一体何の罪を犯したと言うのだろうか、そこには神の存在すらあり得なかった。いったん牙をむいた自然は我々の想像を遥かに超えた力をもって容赦なく無慈悲にありとあらゆる命を奪い取っていった。

年の瀬も迫った12月26日、スマトラ島北西沖で起きたマグニチュード9・1の大地震は巨大な津波を引き起こし、地元アチェをはじめタイ、マレーシア、スリランカなどインド洋沿岸を襲った。白昼にかかわらず一瞬にして町、村々を跡形もなく破壊し尽くしその犠牲者は22万人以上であった。一瞬にして今まで存在していた22万人の人生、22万人の夢や希望がこの世から無残にも消えていった。

2011年3月11日　東北地方太平洋沖で発生した地震（M9・0）は直後大津波が発生、東北地方に壊滅的被害をもたらし、一瞬のうちに2万人にも及ぶ尊い命を奪い取っていった。さらに津波は安全神話に守られた福島原発をも破壊、メルトダウンを引き起こし、世界を震撼させた。

何で苛酷な運命を、辛い試練を、犠牲を課すのか？　何を信じていいのか？　人間は自然の中の生き物でしかないことを思い知らされた。尊い犠牲を前に自然と如何に調和して生きていくかを学んでいった。そして明日に向かって大きく歩み始めた。

魔の海域は不思議と穏やかさを保ち続けていた。

かすかな風の音以外に物音一つとしてない静まり返った海域、チリ海軍のラッパ手がもの悲しく鎮魂の調べを奏でた。

堀江、ジャネス艦長以下水兵は頭をたれ、その哀調の調べが深く彼らの心に響きわたった。

そしてマゼラン提督以降荒れ狂うホーン海域を果敢に航海した先人たちの熱き航海者魂に献花をもって敬意を表した。

マゼランの故国ポルトガルの国花（バラ）から作られた献花のリースがケープ・ホーンの海を華やかに染めた。悲運の提督・マゼラン、サー・ドレイク、サルミエント、スクーテン、キャプテン・クック、フィッツ・ロイそしてジョシュア・スローカムなど、先人たちの航海者魂を称えるために堀江が日本で用意したものだった。意気に感じたフラワーデザイナーの岩橋美佳が心を込めて丹念に創作した。

壮大な夢、ロマンをいだき果てしない未知なる大海原に挑んだ航海者、いつの時代も探検家であり冒険家であった。彼らは未知なる世界を暴き世界の常識を変えていった。たとえそれが国の威信をかけたものであったとしても、その恐れを知らぬ彼等の航海者魂は国境を越え世界の若者に大きな夢と希望を与え続けた。

リースは3カ月（１０３日目）の航海にも耐え、真紅の薔薇は鮮やかであった。それは穏やかに静かにそしてゆっくりと波間を漂い続けた。

堀江は目を閉じた、まぶたに先人たちの航海が浮かんだ。遠い昔のガレオン船や、若きチャールズ・ダーウィンを乗せた横帆船「ビーグル号」、チチェスター卿の「ジプシー・モス4世」、いずれも嵐であった。海峡を抜けたところでサー・ドレイクの「ゴールデン・ハインド号」は嵐に遭った。嵐は止むことを知らず、南に、南に流され、この凶暴海域を抜け出すのに1カ月もかかった。火の島フェゴの南、未確認大陸（南極大陸）との間にさらに広い海峡を発見することになった。今日のドレイクパッセッジである。ドレイクは略奪の航海から2年9カ月（１５７７年12月～８０年９月26日）、地球を西回りしてプリマスに凱旋。史上二人目の世界一周の航海を果たした。新大陸のスペイン植民地やスペイン船を襲い略奪の限りをつくし、彼の持ち帰った金銀財宝はエリザベス一世（在位１５５８～１６０８年）に献上された。それは小国英国の国家予算1年分に匹敵し、皮肉にものちにスペイン無敵艦隊（アルマダ）を破り世界の覇者として君臨した英国海軍の礎をつくることになった。

ドレイクからさかのぼること58年、１５２０年、偉大な理念に駆られ、東アジア大半島（インディアス大半島［現、南アメリカ大陸］）とシヌス・マグヌス（大きな湾）を結ぶ海峡を探し地球を一周する航路（香料諸島への西回り航路）の最初の発見者になることを終生の目的とした男がいた。

フェルナンド・マゼラン（Magellan）、ポルトガルの貴族でありながらスペイン王カルロス一世（在位1516～1556年）のため海図もなく不撓不屈の意思で海峡（後にマゼラン海峡と呼ばれる）とそれまでの世界に存在しなかった太平洋を発見することになった。海峡を抜けシヌス・マグヌス（大きな湾）に出た時、海峡発見に嬉しさのあまり涙をながしたほどであった。だが、めざす香料諸島（モルッカ諸島）は目前と思ったもののシヌス・マグヌスはとてつもなく大きく、行けども行けどもその島影はなかった。それは大きな湾でなく途方もなく大きな海だった。その穏やかな海〝El Mar Pacifico（イル・マル・パシフィコ）、Oceano Pacifico（太平洋）〟は想像を絶するさらなる苦役を与えた。

飢餓と壊血病に苦しめられた思いもよらぬ4カ月近くにも及ぶ辛酸の航海だった。

フィリピンのマッサワ島（現在の Limasawa）、堪え抜いたマゼランは再び劇的な瞬間を迎えることになった。人類史上の最大の瞬間であった。

従僕のマレー生まれの奴隷エンリケが土地の言葉を理解できたことによりマゼランは地球が丸いことを世界で初めて実証することになった。かって西に向かって立ち去ったエンリケはマレーの言語圏に東から帰ってきたのだった。強運の女神が微笑むと思われた。その直後、マクタン島（Mactan、マクタン・セブ空港のある島）で非業の最期を遂げることになった悲運の提督マゼラン。念願であった人類史上初めての世界周航は叶わぬ夢と化し、凱旋の帰国は許されなかった。〝お前の役目はここまで〟と、1521年の春、女神は永遠に微笑むことはなかったのである。マゼランの後を継いだセバッシャン・エルカーノのみが歴史の栄光を奪い取った。故国ポルトガルからは祖国を棄てた裏切り者として、そしてスペインからは仇敵ポルトガルの提督ゆえにマゼランの偉大なる功績は闇に葬られた。今日に至っても未だに両国からは無視され続け正当な評価を受けていない。バスコ・ダ・ガマはリスボンのジェロニモス修道院に、コロンブス「アルミランテ・デ・マル・オセアーノ（大洋の提督）」はセビリアの大聖堂にそれぞれ国の繁栄をもたらした国民的英雄として尊敬され丁重に葬られている。マゼランはスペイン王との約束も失敗者として全て反古にされ、この世に安らかに眠る場所すらないのである。

己の命を犠牲にして地球時代の幕開けをもたらしたにもかかわらず運命は彼に苦役のみを与え、その黄金の栄とも言うべきはかない名声すら与えることはしなかった。

500年経った今日この事実を知る人はそう多くない。

世界周航という大胆極まりない考えを固い信念をもって初めて敢行し、その道を発見することだけは、運命も許してくれた。そして海峡のみがいつしかマゼラン海峡（Estrecho de Magallanes）と呼ばれるようなった。スペイン王も黙認せざるを得なかったマゼラン海峡、そしてマゼランが発見し命名した世界で一番大きい海、太平洋（El Mar Pacifico［Oceano Pacifico］）こそ闇に葬られた彼の偉業を我々に未来永劫に証明しているのである。

いつしかリースは堀江の視界から去っていた。彼の思いを届ける旅に出かけたのか、沈むことなくいつまでも先人たちを称え続けているのだった。

チャペル・ステラ・マリス(ケープ・ホーン)

チャペルの祭壇

そして堀江は両国友好の印として航海の護り神である金刀比羅宮の御神札をチリ海軍に贈呈した。

この御神札はケープ・ホーンの一隅に安置され、聖母マリアと共に魔の海域の航行の安全を見守ることになった。

監視基地を守るマルコ・アバレス海軍兵はしかと御神札を受け取り施設内に奉納した。

この最南端の基地には魔の海域の航行の安全を守る小さなステラ・マリス（Stella Maris）礼拝堂があった。丸太づくりの粗末な礼拝堂は船乗りの苦しさを一身に引き受けているかのように風の中にたたずんでいた。吹き荒れる強風のためか小さな明かり窓しかなく、その小窓から高緯度の薄明かりが差し込む10㎡ほどの広さのチャペルには聖母マリアとイエス・キリストが祭られ、ただ、ただ、魔の岬を訪れる罪びとのために愛の手をさしのべていた。

9時30分、孤高の船乗りは針路を東に取りケープ・ホーンを後にした。そこには暗雲垂れ込めるいつものケープ・ホーンが戻っていた。チリ海軍との洋上セレモニーの終わる時を見計らっているかのようであった。

やがて低い風の唸りが聞こえ始め、凄まじい風雨が猛々しく襲いかかって来た。

眠りから目覚めた魔の岬からの風が小船に追いつくのに時間は要らなかった。あっと言う間に小船に追いついた。それはウオラストン、ハーシェル、エルミテ、オルノス《ホーン》など最果ての島々にとっては身体の一部というもので、太古の時代より何千何万回と飽くことのない自然の営みであった。

この世のものとは思えない地獄の雄叫びのようでもあったが、そのゴーゴーと唸る風に耳をすませば、「ヘイ・メ・レー」「ヘイ・メ・レー」、過ってこの最果ての地の主人であった先住民族ヤーガン、アラカルフェ、オナの歌声が聞こえてくるように堀江には思えた。

7000年もの間、文明から遥か遠く、無菌状態にあった彼らが文明に接した時、彼等の行く手にはこの世からかき消されていく過酷すぎる運命が待ちかまえていた。

堀江は僅かこの200年の間に文明を拒絶するかのようにこの世から消え去っていった彼らの思いを心にしかと刻んだのだった。

6月7日午後2時30分、堀江謙一の「SUNTORYマーメイド号」は母港新西宮ヨットハーバー(西宮市)に帰港した。2月18日アガラス岬(アフリカ大陸最南端)、3月14日タスマン島(豪)を回航し堀江謙一のケープ・ホーン東回り単独無寄港世界一周の航海は終わった。途中タスマン沖で吠える40度(ローリング・フォーティーズ)の嵐に遭えども堀江にとっては嵐と言えるほど嵐ではなかった。取材用にチャーターした漁船の船長は私のリクエストに出港を躊躇したが、暴風に果敢に挑む堀江は生き生きと、これぞクルージング冥利と言わんばかりであった。

難所中の難所、多くの船を海の藻くずとし、魔の岬と言われるケープ・ホーン沖のウィリウォーの洗礼を受けることもなかった。そして大きなトラブルもなく順調な250日の航海だった。

我々はそこに海を知りぬいた堀江謙一の航海に挑む姿勢《しせい》を見るのである。

「航海は自然が相手、何事も100%相手に合わせる。それが僕の基本姿勢」と堀江謙一は言う。

おそらく北半球からホーン岬東西両回り単独無寄港世界一周の航海の達成は世界で初めての快挙であった。

母港を眼の前にぱたりと風がなくなった。夕刊紙面と決めていた記者たちは締め切りに間に合うかでやきもきすることになった。最後の最後、自然はいつも堀江と私の予定を無視して記者泣かせであった。

到着が遅れたにもかかわらずNHK神戸の別井は実況中継をやってのけた。

航海の全ての作業が終わった9月、私は報告のためプエルト・ウィリアムスを訪ねた。

ジャネス艦長はケープ・ホーンで何があったか家族のために説明して欲しいと私に頼んだ。

将校宿舎では妻のクラウディア（Claudia）と愛くるしい4人の子どもが日本からの珍客を待っていた。

ジャネス艦長は家族と、そして日本の友と報告のDVDを観た。

晴れやかなひと時であった。

艦長として最南端の地に赴任し、ケープ・ホーン洋上で堀江と共に先人たちの航海者魂を称えるセレモニーを行なえた幸運を誇りに思っていた。

ケープ・ホーンに響き渡った水兵達が歌ったチリ国歌の歌声が私の脳裏からいつまでも消えることはなかった。

《堀江謙一の単独無寄港世界一周の航海・完全帆走》
第1回　1973年8月1日～1974年5月4日（ホーン岬西回り）275日
世界で4人目
第2回　2004年10月1日～2005年6月7日（ホーン岬東回り）250日
ホーン岬東・西回り無寄港世界一周はジョナサン・サンダース（豪）に次いで2人目
北半球からは世界初

19世紀、一度でもケープ・ホーンを通過した船乗りは本物の航海者、ケープホナーと称賛され仲間から終生尊敬された。ケープホナーは国王のまえでもテーブルの上に足を乗せてビールを飲み、タバコを吸うことが許されたという。

チリ海軍は私をケープホナーと認定書を発行してくれた。いつの日か国王のまえで短い足をテーブルに乗せビールでも飲んでみたいと思った。せいぜい許されたのはロッジ・パタゴニアのおやじペドロのまえであった。それでも気分は最高であった。ペドロは言った「アミーゴはケープホナー」と。

先人達の航海者魂を称え、250日の無寄港世界一周の航海を無事終えた西宮のバース。いつも堀江の出航と帰港を快く支えた新西宮ヨットハーバー社長の朽山邦宣には熱き思いがあった。ヨットハーバー創立10年を記念して、チャレンジ精神の象徴として「SUNTORYマーメイド号」を譲り受けることであった。常々堀江の航海に惜しみない支援をして来た兵庫県庁、西宮市役所は杉山の悲願を後押した。「SUNTORYマーメイド号」は新西宮ヨットハーバーの玄関前に永久保存されることになった。

嵐を乗り越え大海原を帆走する雄姿は訪れる市民に夢、希望、勇気そしてロマンを与え続けている。

第6章

波は友達

©S. Yamada

▼波は友達（Eco-Sailing）

「ＳＵＮＴＯＲＹマーメイドⅡ号」は先程の歓声が嘘のように青々とした静かな大海原を快調に走っていた。

モロカイ島とオアフ島の間、モロカイチャネルからくる大きな波が堀江艇のスタン（船尾）にぶつかり艇を日本のほうへ押しやった。

サンフランシスコのフリーランスのジャーナリスト、ジョン（John Geoghegan）の筆が威力を発揮した。ポピュラー・サイエンス誌（Popular Science）とニューヨーク・タイムズ（New York Times 3月11日）に出航前に投稿した記事が掲載された。

１５０万部の発行部数を持つポピュラー・サイエンスは世界有数のサイエンス誌。ジョンの投稿記事に権威ある科学雑誌から信憑性を正す質問が暮れも押し迫った12月28日にあった。ニューヨークの編集長から私の携帯電話に直接30問くらいの質問が入った。質問にパスしないと記事掲載の採用はないと編集長は厳しかった。四苦八苦の末何とかクリアー、スポークスマンの役割を無事果たすことができた。2月末発売の3月号に掲載があった。ホノルルに着くなりアラモアナショッピングセンターのブックストアに駆け込んだ。

「海星号の航海」から18年、ダグはいなかったが何度となくシェリーがいつもサポートしてくれていた。彼女はクラブでバイスコモドアであったしコモドア選挙に出馬するくらい大きな影響力を持ったパワフルな女性になっていた。クラブの協力とコーストガードの協力はすべて彼女がアレンジしてくれた。

コモドアのフランク・ラング（Frank Rang）は最大限の協力を約束した。

ホノルルでシェリー、サンフランシスコでシーシー、強力な女性パワーなくしては何事も上手くいかなかった。

彼女達と意志の疎通さえはかれば通訳は必要でなかった。シェリーそしてシーシーがいれば全てOK。あとはニュース・レリースがあれば自分一人でマスコミ廻りができるまでになっていた。彼女達に協力してもらえば何事も上手くいった。

USBをもってキンコスに行った。コピーを取って製本をするだけ。若くて可愛いキンコスレディ達が困った愛すべき外人を助けてくれた。彼女達にポピュラー・サイエンス誌、ニューヨーク・タイムズを見せ、この海洋冒険家のスポークスマンと印象付けた。水戸黄門の印籠みたいであった。ホノルルと言ってもアメリカではローカル都市、若い彼女達は大都会ニューヨーク、ワシントンDC、サンフランシスコにコンプレックスを持っていた。

アメイジング！（凄い！）といって協力を買って出てくれた。

捗《はかど》ること捗ること、面白いように上手くいった。誤字脱字のチェックもしてくれた。

記者会見のニュース・レリースはキンコスでできあがり、コピーをとってマスコミ廻りに走った。

マスコミだってローカルだった。私にとって敷居は高くなかった。とにかくアメリカではインデペント、Do it yourself が大切であった。言葉が話せなくても何事も自分でやることが大切、一所懸命に話せば相手は好感を持って接してくれた。ニュース・レリースを片手に飛び廻った。アシスタントもなく一人でハードな毎日を送っていた。夜はホテルでと言っても私の場合は安宿、安くて効率の良いホテルやモーテルを使った。

2つの理由があった。ひとつは安さと気楽さ、経費を浮かせて目に見えない出費に備えた。もうひとつに効率の良さがあった。外出したいときはすぐ車を出せた。タイムイズマネー、スピードが大切で、車を出すにも時間がかかる一流ホテルではチップや人間にも気を使う等の煩わしさがあった。生まれながらの貧乏性がそれを嫌った。一流の仕事をするためには一流のホテルに、とよく言われるが、それはビジネスでのこと。商談をまとめるには信用、時にはハッタリも必要であった。その場合でも最高のホテルの一番安い部屋で良かった。相手にとってザ・ホノルルホテルが大切であった。だがマスコミ相手にその必要性はなかった。それよりも正確な情報、迅速な対応が最優先された。モーテル・ホノルルで充分だった。

ヨットクラブに近い定宿があった。私はワイキキ鉛筆ホテルと呼んでいたがエレベーターの遅さをちょっと我慢すればロケーションも含めて私の基準に合っていた。とにかくハードに働いた。夜は毎晩2時3時になることが多かった。体に湿疹ができ痒みを覚えた。とうとう肝臓に来たかと思った。2日、3日たっても痒みはひどくなる一方で、湿疹は腕、首、背中に大きく広がっていった。パソコンに向かっているときは少しかゆみがやわらいだ。ベッドに横になると痒みが大きくなった。

おかしいと思いシーツを調べてみた。なんとそこにはいたのは南京虫の家族だった。一撃を食らわしレセプションに走った。朝5時頃だった。レセプションの新聞受けに朝刊が積んであった。1面

Star Bulletin
Monday
STARBULLETIN.COM

Best rest is in Hawaii

Cemetery revivifies old Kauai village

ECO-SAILING: BOAT USES OCEAN'S ENERGY
waverider

SUNTORY Mermaid II

Japanese skipper hopes for a swell ride

Juvenile detainee abuse goes unseen

Morning Digest

HAWAII
Kauai tempers flare over dog ban

TODAY

Filmmaker's passion is Punaluu

BUSINESS
Manager sells good impressions

SPORTS
UH hoopsters hit road 1 last time

NATION & WORLD
Killing of rebel spawns a crisis

ALSO IN TODAY'S PAPER

COLUMNISTS
Backup holdups

PEOPLE
Nicholson backs Clinton

83° / 68°

mastercare
Homecare & Healthcare

をエコ・セーリング（Eco-Sailing）で手を振る堀江が紙面全面を占拠していた。スポークスマン、ケン・ドタのインタビューもあった。アイアムスポークスマン・フォ・ジス・マリンエックスプローラー。トモーロ・アイル・ハブ・ア・プレスカンファレンス！　南京虫ホテルを全マスコミに訴えると暗に脅した。レセプションは震え上がった。

病院に運び込んでくれるやら、部屋は最高の部屋を用意してくれるやら至れりつくせりのお客様になった。帰国するまでＶＩＰ待遇の宿泊客になっていた。聞くところによると世界有数のリゾート、ハワイでも近年豊かになった国々からの観光客が増え、彼等の持ち込んだ南京虫事件が多々発生していた。珍しいことでなかったようだが、それにしても驚きであった。衛生局の対象ではなく評判を落とすことがあっても営業停止になることはなかった。弁護士はスウ（告訴）させてくれと言ってきたが仕事を控えてのトラブルはゴメンとばかりに最高の待遇を受けることで譲歩した。出航式までには何とか湿疹も収まっていた。

記者会見の前日にスター・ブレティン（Star Bulletin）の1面を飾り、2面のほとんどの紙面を割いた記事の反響は大きかった。競合紙アドバータイザー（Advertiser）からクレームがあったが、普段付き合いのない外国のＰＲマンのしたこととだんまりを決め込んだ。この記事を見てハワイ島の火山の取材に来ていたディスカバリー・チャネル・カナダが予定をかえて出航日の前日から取材に来てくれた。

肝心のロイターはケビン抜きでまたしても失敗を犯した。東京の窓口はホノルルの契約プロダクションに作業を依頼した。そのプロダクションはハワイのTV局がニュースを流した後にアメリカ本土にニュース素材を送るような失態を犯してしまった。すでに、それはニュースでなかった。日本のTVキイ局はともかく、肝心のアメリカのTV報道はまたしても失敗に帰することになった。ロイターに関して言えばトムソン・ロイター（Thomson Reuters）になったことでTVの報道に関して言えば、これが通信社と言えるのかと目を疑うような会社になり下がっていた。

要は、私の窓口のスタッフが素人と言わざるをえなかった。そのような結果を生むとは露知らずホノルルの作業は順調に進んでいった。

そうだ！　この波の力を利用して航海ができる？　この波のエネルギーを利用して船は進むはずと堀江は思った。

ウェーブパワー・ボート「SUNTORYマーメイドⅡ号」は、3月16日、ハワイ・ヨットクラブ（ホノルル）から出航し、紀伊水道（和歌山・日ノ御埼《ひのみさき》―徳島・蒲生田岬《かもだみさき》の線上）まで約7800キロメートルを約3カ月半（109日）かけて航海してきた。堀江謙一の11度目の航海だった。思わぬ好天のもと穏やかな波風《なみかぜ》のため予定より大幅に遅れて、7月3日（木）紀伊水道へゴールした。

堀江謙一は今まで、風、太陽、人力エネルギーを原動力とした船で航海を成功させていたが、今回は第4のエネルギー、波のエネルギーを原動力とした船「ウェーブパワー・ボート」で航海に挑んでいた。

「ウェーブパワー・ボート」による航海は世界で初めての試みだった。

数カ月に及ぶ航海を続けてきた堀江は航海中に永遠に続く波を見続けながら、次の航海のアイディアを模索した。波をのり越え次の波を越えている時、風が止まり鏡のような水面を何日も漂った時、またある時は嵐の中、命を落としそうになった時、次の航海のアイディアが浮かんできた。

1982年、地球縦回りの航海、堀江はアリューシャン列島をベーリング海から太平洋に抜けた。その直後、彼は嵐にあった。愛艇は沈《ちん》をした。180度回転した。船は船底を海面に真っ逆さま。次の瞬間、海水がキャビンの中へ入ってきた。「絶体絶命か!」「まさか自分がこのようなことになるとは?」次の大波を期待して待った。1秒が数時間にも思えた。大波は期待通り彼の船を起こした。だがマストを失っていた。1100海里（約2000km）以上残すハワイまでの苦難の帰路となった。

マストを失った艇は安定せず横揺れが激しかった。波また波、終わることを知らない波に憔悴しきった。その時、この波による揺れを利用すれば船が進むのではないか、この波のエネルギーを利用して船は前に進むのではと、アイディアがひらめいてきた。

登頂に成功し、山頂に立った時、登っていた時に見えなかった見たこともない風景が見えてくるように、嵐を乗り切った時に何かが見えて来た。

その時、波の力で進む船の航海を思いついた。いつの日か波の力だけで航海をしてみようと堀江は思った。

初めて堀江から話を聞いた時、「えっ！　波の力で進む船？」と絶句した。私には波の力で船を進めるような発想などなかった。私は疑問に思った。

なぜそのような発想が今まで人類になかったのか私なりに推理してみた。

我々人間は海を見る時、波打ち際でいつまでも打ち寄せる波を見ており、時に断崖絶壁に押し寄せ砕ける波濤を見、そして防波堤を飲み込む荒れ狂う台風やハリケーンの波を見るに至ってはその波の迫力に圧倒されつづけてきた。波は船の行く手をはばみ、船を押し戻すものであった。そのためか押し寄せる波のエネルギーを推進力に変えて船を前に進める発想は、我々の思考からいつの間にか完全になくなっていた。

そして、それは固定観念として我々の思考を呪縛し続けてきた。

１８９５年、イギリスで特許を申請した記録にハーマン・リンデンの「波力船の実験」があった。その実験船は時速3～4マイルの速度で進んだと言われている。その後、１９３５年米のポピュラー・サイエンス誌にカリフォルニア、ロングビーチにおいて18インチの模型で実験をした記述があるが、それ以降今日まで「ウェーブパワー・ボート」の研究や実験が行なわれた形跡はほとんど見当たらない。

思いついてから26年、東海大学教授寺尾裕（海洋学部）の協力により彼のアイディアは実現した。世界で初めて波の力で進む船の航海が実現した。

出航式で私はスピーチをした。

In difficult times, we say " we must get over rough water "
Kenichi Horie will have rough seas on his voyage,
But he will embrace the rough sea as a friend.
God tells us " Scientific progress and development is good.
But also step back. Have more respect for nature."
Kenichi Horie understand this concept.

（困難に出合った時、我々は荒波を乗り切るべきと言う。
だが、堀江謙一は言う。
嵐に出会った時、僕はすべて荒波に身を委ねると。
神は言う、如何に科学が進歩、発展しようが
人類は自然と闘うのでなく、一歩さがって自然を敬うべきと）

「海は人間の気まぐれが通用しない世界だから、海という自然と付き合うことによって、人間も自然の状態に近づいていくような気がする。海では人間は謙虚にならざるをえない。自分自身の傲慢さがだんだんと削られていくようだ」（堀江謙一、太平洋ひとりぼっち）

思うように走らなかった。マゼランがかつて経験した穏やかな太平洋であった。
遅れに遅れた。波が永遠にある限り遅れようが心配することはなかった。

ただ嵐と台風が心配だった。

遅くなればなるほど台風にぶつかる確率は大であった。小さな船は嵐をかわす術を持っていなかった。ましてやカタマラン（双胴船）タイプの船は復元力が少なく、転覆するとヨットのように復元できない。嵐に弱い船であった。

気象の馬場と毎日連絡を取っていたが、太平洋高気圧のど真ん中、波は期待できなかった。

漂流船に近い状態であった。食料、飲料水は心配なかった。

堀江は潮流情報を送るようにと言ってきた。私は馬場から受け取った潮流情報を朝夕に堀江に送った。堀江は潮流を上手く捉えて潮流に乗って走った。

「ＳＵＮＴＯＲＹマーメイドⅡ号」は漂流船、よく言って潮流船のようだった。

逆に遅れたことが幸いした。運よく台風に出合うことはなかった。

予想していたスピードが出ていたら２つの台風にまともにぶつかっていた。

例年より早く台風が発生していた。

１カ月以上も遅れたことが彼に幸運をもたらした。

そうだ海は友達。海はそう簡単に友達堀江と別れたくなかった。

海は安全な航海ができるように堀江を導いてくれた。

堀江謙一は海、波と友達になっていた。

１９６３年石原プロ提供、堀江謙一航海日誌・映画「Horie」のサブタイトルは「My enemy,

the sea」であった。

長い海との付き合い、「昨日の敵は今日の味方、堀江は海と、波と最高の友」になっていた。

▼2011年の1月は終わった

ベルは鳴らなかった。

次の航海は2012年、堀江の『太平洋ひとりぼっち』の航海から「50周年の航海」になるはずであった。確かに航海の企画はできあがったが、その頃世界戦略を考えるサントリーはキリンとの合併を考えていた。堀江にとって運悪く逆風となった。

そのため大きなプロジェクト協賛費のカットが求められた。

それは表向きの理由であったか知る由もないが、堀江の航海の協賛費が消える日がやってきた。突然の打ち切り、そこには不自然さが残った。「堀江の航海がサントリーに何のデメリットをもたらしたというのだろうか?」堀江は環境問題専門家としても評価され、その航海は世界の人々が認め世界に誇れる航海であった。サントリーのイメージに大いに寄与していた。我々のPRにしても対費用効果をたとえ問われたとしても経費の何倍、何十倍もの効果を上げていたはずである。何としても腑に落ちないことであった。

“Oh my God! Unbelievable!”そして“The worst management decision!”と世界の友人たちから悲鳴の声が聞こえて来た。だが、その声がサントリーに届くことはなかった。

堀江の「50周年の航海 Eco Sailing」の企画はなくなり次の航海は延期されることになった。

私の頭には常に次の航海の企画立案しかなかった。

そんな2010年の暮が押し迫ったある日、朝日新聞の事業本部に金成を訪ねた。

「航海ができないにしても、何か50周年の企画はないのか?」

金成の質問に、航海以外に考えることのなかった私は目が覚める思いであった。

50周年を迎えるのに何もしないでやり過ごして良いのか? この周年を逃すと次は75周年あるいは100周年になる。50周年は1年後、時間はなく焦る思いがした。頭はそれに集中した。

堀江青年の航海は何だったのか? 50年前に戻ってもう一度考え直してみた。

そうだ、50年前はまだ「戦後」の残照が残り、60年安保闘争の無力感が尾を引いていた時代だった。堀江のもたらした衝撃は「日本人に自信を取り戻させ、人々に希望の灯をともした」。特に、若者には夢、希望、チャレンジの大切さを教えてくれた。

奇跡的な戦後復興を果たし、世界経済第2位の大国になり、そしていまや中国にその座を明け渡した現在の我が国の現状。

日本のバブル経済の崩壊は1991年10月頃から始まったとされているが、実際には89年の大納会(株価は3万8915円)をピークに株が暴落に転じた頃からであった。失われた90年代、僅かITバブルがあったものの米国のサブプライム問題やリーマンショックを経て世界経済は新興国を除いて低迷期へ、特に日本は経済政策の失敗によりデフレスパイラルに陥り企業、社会全てが内向き志向に陥り若者の就職は氷河期とまで言われるまでになった。当然、若者は将来への夢、希望を失うことになった。特にチャレンジ精神は世界の若者に比べとても足元にも及ばない。

我々上昇期に育った人間はえてして苦難に遭遇すれば非力であるが、苦難の時代に育った若者はその苦難を乗り切った先に何ごとにも負けない強靭な精神を身につけることだろう。現代こそ50年前の堀江青年のように巨大な大自然に単独で立ち向って押しつぶされない神経と強靭な意志を持った若者が求められている時ではないか。

堀江謙一の『太平洋ひとりぼっち』50周年企画は単純明快だった。

「いま、若者に冒険を、夢を、チャレンジ精神を！　日本よ、内向きになるな！」で構想案は決まった。

サンフランシスコ・マリタイム・ミュージアム館長グレイグ・ケンケル（Craig Kenkel）も大賛成と協力を約してくれた。

「夢よもう一度」堀江謙一50周年企画に心躍った。

年が明けて早々、大阪朝日新聞横井代表を訪ねた。

横井代表は二つ返事でＯＫ「やろうではないか、これこそいま求められているテーマだ」と快諾。その足で西宮市役所野島市民局担当理事を訪ね、早速河野市長の快諾をもらう。

そこまでは信じられないくらいトントン拍子でことが運んだ。

私は、この50周年企画案が最も堀江謙一に相応しいものと確信していた。次なる航海のためにも今はこれを成功させよう。50年前、クリストファー市長やアイゼンハワー前大統領が日本の若者に夢、希望を与えるため堀江青年に「市の鍵」を贈ってくれたように、今度は堀江謙一が現在の若者に夢、希望、そしてチャレンジ精神の大切さを贈る。その後、彼にとって新たな航海に出かけることがクリストファー市長に恩返しができ、そして多くの航海を支えてくれた人々へ感謝するための一番の道と思っていた。

堀江に50周年の企画を進めていると報告に行った。

彼から返ってきた答えは信じられなかった。

「後ろ向きの企画には反対、何周年であれ自分をセレブレイトすることは受けない」、それは自分の「ポリシー」「前に進む航海以外は何もない」とまで言う。

確かに彼には航海が相応しい。だが航海ができなくなった今「これが最善策ではないか？」と信じて疑わなかった。

だが、ポリシーとまで言われれば私には引き下がる以外に術はなかった。どんでん返し、50周年企画は水の泡と帰した幻の企画になってしまった。

彼のポリシーも知らず進めたことを市役所、新聞社に謝罪をした私の２０１１年の1月はジェットコースターのようだった。だが、真っ逆さまに落ちたところで上ることはなかった。Ｔｈｅｅｎｄ、すべてが終わることになった。

「なぜだ？　なぜだ？」と自問自答した。

50年前の江藤淳の「人間堀江謙一」が鮮やかに甦ってきた。堀江謙一は50年前と少しも変わってはいなかった。彼は永遠に「ひとりぼっち」のヒーローだった。彼の航海は命のある限り永遠に続くことだろう。誰もが成し遂げられない航海を、密かに静かに計画しているのだろう。洋上から私の携帯電話のベルが鳴ることを期待して待つことにしよう。

終わりに

友人で編集者の古谷さんから、洋泉社元会長の藤森さんが私の仕事史が本にならないかと言って来ているとの連絡があった。3年も前のことであった。最後の航海が終わった頃で、ジョージ・クリストファー市長の秘話や堀江謙一氏の「太平洋ひとりぼっち」の再評価を何とかしたく思っていたところであった。海外の友人からも「お前が書かなければ誰が書くのだ」と催促されることもあり、何とか頑張ってみることにした。が、所詮日頃から文章なるものを書いたことのない者にとって大変なエネルギーが要った。時にめげそうになった。

その肩を押してくれた藤森さんと古谷さん、そして言視舎社長杉山さんには辛抱強く暖かく励まされ、ご苦労をおかけした。

思うに、この四半世紀、アメリカズ・カップにはじまり、世界のメディアと言っては大袈裟だがケビン・レーガン、ヒュウォン・カン記者、ジョン・ゲーゲーハンなど多くのメディアの人々と会えたこと、世界の友と心をかよわせることができたことは大変幸せであったと思っている。

「MALT'S マーメイド号（1996年、エクアドル・サリーナスー東京）」、「SUNTORYマーメイド号（2004年、無寄港世界一周ケープ・ホーン東回り）」の航海を含め5度にも及ぶ航海のプロジェクト・プロデューサーとして素晴らしいチャンスの場を与えてくれた堀江謙一氏に感謝するものである。またその航海を支え応援して頂いたシーシー、グレッタ、シェリー、メグミ、ロカさんをはじめアメリカ、エクアドル、チリ、オーストラリアの友、無線の友、そしてサンフランシスコ・ヨットクラブ、ハワイ・ヨットクラブ、サリーナス・ヨットクラブ、エクアドル海軍、駐日エクアドル大使館、チリ海軍、駐日チリ大使館、米国沿岸警備隊、海上保安庁、外務省、そして関西ヨットクラブ、(株)関西ヨットハーバー、明石市役所、西宮市役所、東海大学海洋学部、朝日新聞社、毎日新聞社、ロイターTV、造船各社、住友軽金属工業株式会社、資金面を全面的に支援頂いたサントリー株式会社に、本書を通じて心よりお礼を申し上げたい。

元毎日新聞の山田茂雄カメラマンには対メディア指南役あるいは相棒として協力を頂き、時に孤軍奮闘に陥りやすい私を新人ながらアシストしてくれた電通パブリックリレーションズの新宅、小林、森野、細井君達が今日大きく逞しく育ってくれたこと嬉しく思うものである。自称校正部長の飯塚博史君の助けも有難かった。

本書上梓にあたり取材協力、資料提供を頂いた長さんこと茂登山長市郎さん、矢加部三千雄さん、中川利雄さん、そしてビル・フィッシャー、ボブ・イノウエ、レイモンド・タモリ、キクヨ・セキノ、フレッド・コウノ、ミキオ・オカダ、ヤヨイ・オザサヤマ、佐藤由紀各氏に心よりお礼申し上げるとともに堀江謙一氏の「太平洋ひとりぼっち」から50周年にあたる2012年に刊行できたことを大変うれしく思っている。さらに言えば電通の諸先輩、同僚諸兄、そして結婚以来、家を空けることの多かった私を明るく見守ってくれた家内に感謝し、特にサンフランシスコ郊外コルマに愛妻ツラと静かに眠るジョージ・クリストファー市長、神に召されハワイの海に眠る Capt. Doug Vann Fish Ph. D、終生愛し楽しんだサンフランシスコ湾に眠る Patrick J. Kirrane、そして生前、叱咤激励、薫陶よろしきを受けた成田豊電通元会長に捧げたいと思う。

そのような折、岩手の3・11大津波被災・大槌町〈森の図書館〉へ子どものために本を送り、支援をつづけるNPO法人〈大槌の風〉から風の便りが届いた。「蓬莱島（ひょっこりひょうたん島）」と地球の反対にあるガラパゴスの「MALT'S マーメイド島」との姉妹島提携の話が……。環境の大切さを通して未来をみつめて行こう……と、子どもたちに、また、夢、希望が湧いてきそうだ。うれしく思っている。

最後に仮にもマスコミの人々と関わりのあった者とし2007年9月23日ヤンゴンで反政府デモを取材中、治安部隊の発砲に倒れたAFP所属長井健司カメラマンと、2010年4月11日バンコクでタクシン首相派による反政府デモと武装部隊の衝突を取材中、凶弾に倒れたロイターの津村博之カメラマンの冥福を祈り、電通の鬼十則を紹介して終わりにしたい。

「好きなことをやれ」といってくれた藤岡和賀夫の言葉は、広告の鬼といわれた吉田秀雄が残してくれたこの鬼十則そのものであった。

仕事は自ら「創る」べきで、与えられるべきでない

仕事は先手先手と「働き掛け」て行くことで、受け身でやるものではない

「大きな仕事」と取り組め、小さな仕事は己を小さくする
「難しい仕事」を狙え、そしてそれを成し遂げる所に進歩がある
取り組んだら「放すな」、殺されても放すな、目的完遂までは
周囲を「引き摺り廻せ」、引き摺るのと引き摺られるのとでは、永い間に天地の開きができる
「計画」を持て、長期の計画を持っていれば、忍耐と工夫と、そして正しい努力と希望が生まれる
「自信」を持て、自信がないから君の仕事には、迫力も粘りも、そして厚味すらがない
頭は常に「全回転」、八方に気を配って一分の隙もあってはならぬ、サービスとはそのようなモノだ
「摩擦を怖れるな」、摩擦は進歩の母、積極の肥料だ、でないと君は卑屈未練になる

1951年夏、吉田秀雄は自己を鞭打ち、自分はかく心がけていると、全社員に示した。そして、後に続く者たちに残した。
今でも新鮮に我々の心に響くものである。

2012年夏　　土田　憲

堀江謙一の航海歴

1962年　23歳、ヨット「マーメイド号」で単独無寄港太平洋横断航海（94日）、NOパスポートの航海

73～74年　単独無寄港世界一周航海（ホーン岬西回り275日）

78～82年　縦回り地球世界一周航海（南北アメリカ周航）

85年　ソーラーパワー・ボートでハワイ—父島を航海

89年　全長2・8メートルの世界最小外洋ヨットで太平洋横断、サンフランシスコ～西宮

92年　足漕ぎボート（ヒューマン・パワー）で、ハワイ～沖縄を航海（92～93年）

96年　アルミ缶リサイクルのソーラー・パワーボート「MALT'S マーメイド号」でエクアドル—東京単独無寄港太平洋横断

99年　業務用生ビール樽を利用したリサイクルヨット「MALT'S マーメイドⅡ号」でサンフランシスコ～明石海峡大橋を航海

2002年　ウィスキー貯蔵用樽材、ペットボトルのリサイクル材を利用したリサイクルヨット「MALT'S マーメイドⅢ号」で西宮～サンフランシスコ間を横断

2004年～05年　単独無寄港世界一周（ホーン岬東回り250日）「SUNTORYマーメイド号」の航海

2008年　波の力で進むウェーブパワー・ボート「SUNTORYマーメイドⅡ号」でハワイ～紀伊水道を航海

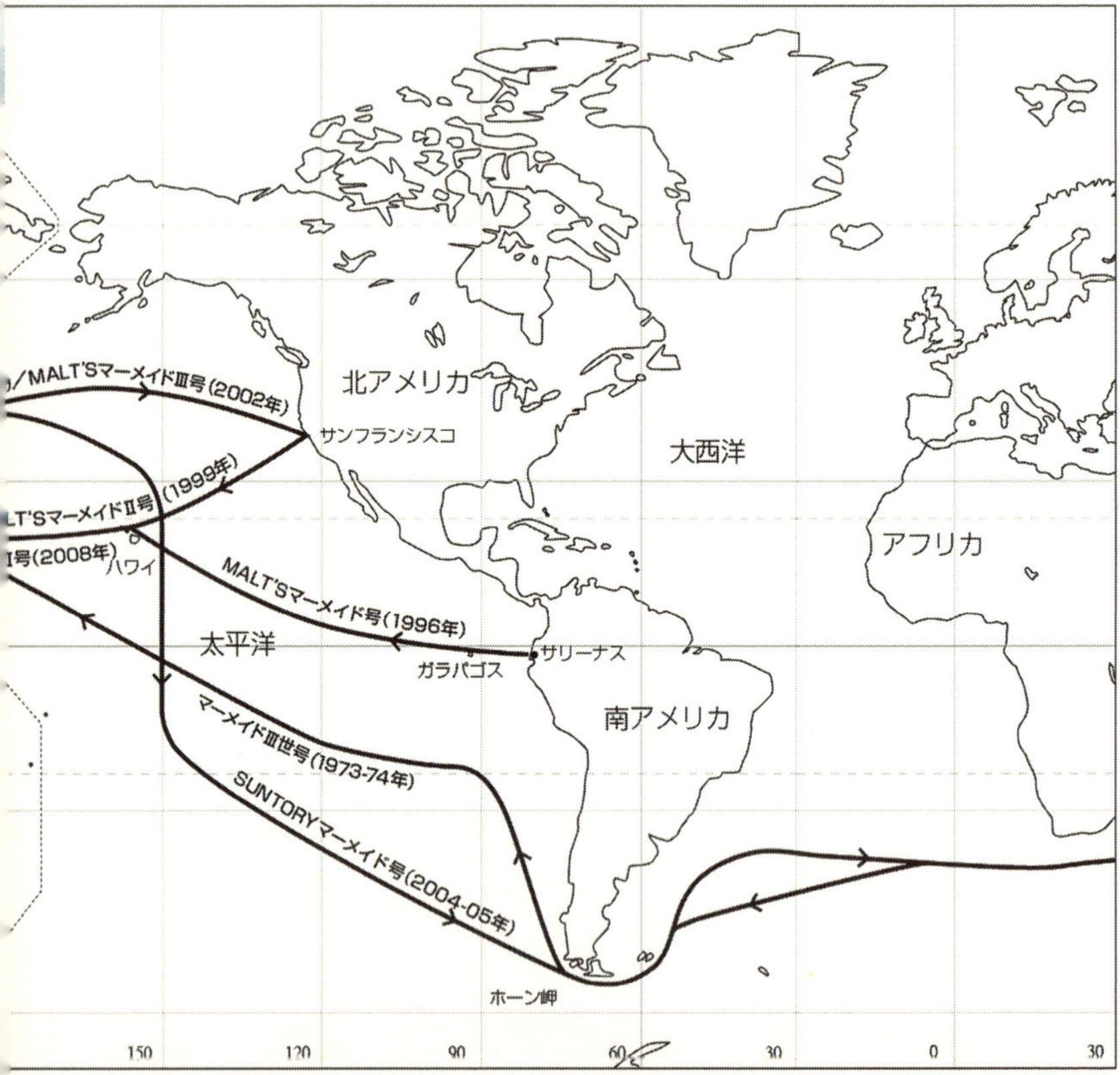

/MALT'Sマーメイド III号(2002年)
北アメリカ
サンフランシスコ
大西洋
(1999年)
LT'Sマーメイド II号
II号(2008年)
ハワイ
アフリカ
MALT'Sマーメイド号(1996年)
太平洋
サリーナス
ガラパゴス
南アメリカ
マーメイド III世号(1973-74年)
SUNTORYマーメイド号(2004-05年)
ホーン岬
150
120
90
60
30
0
30

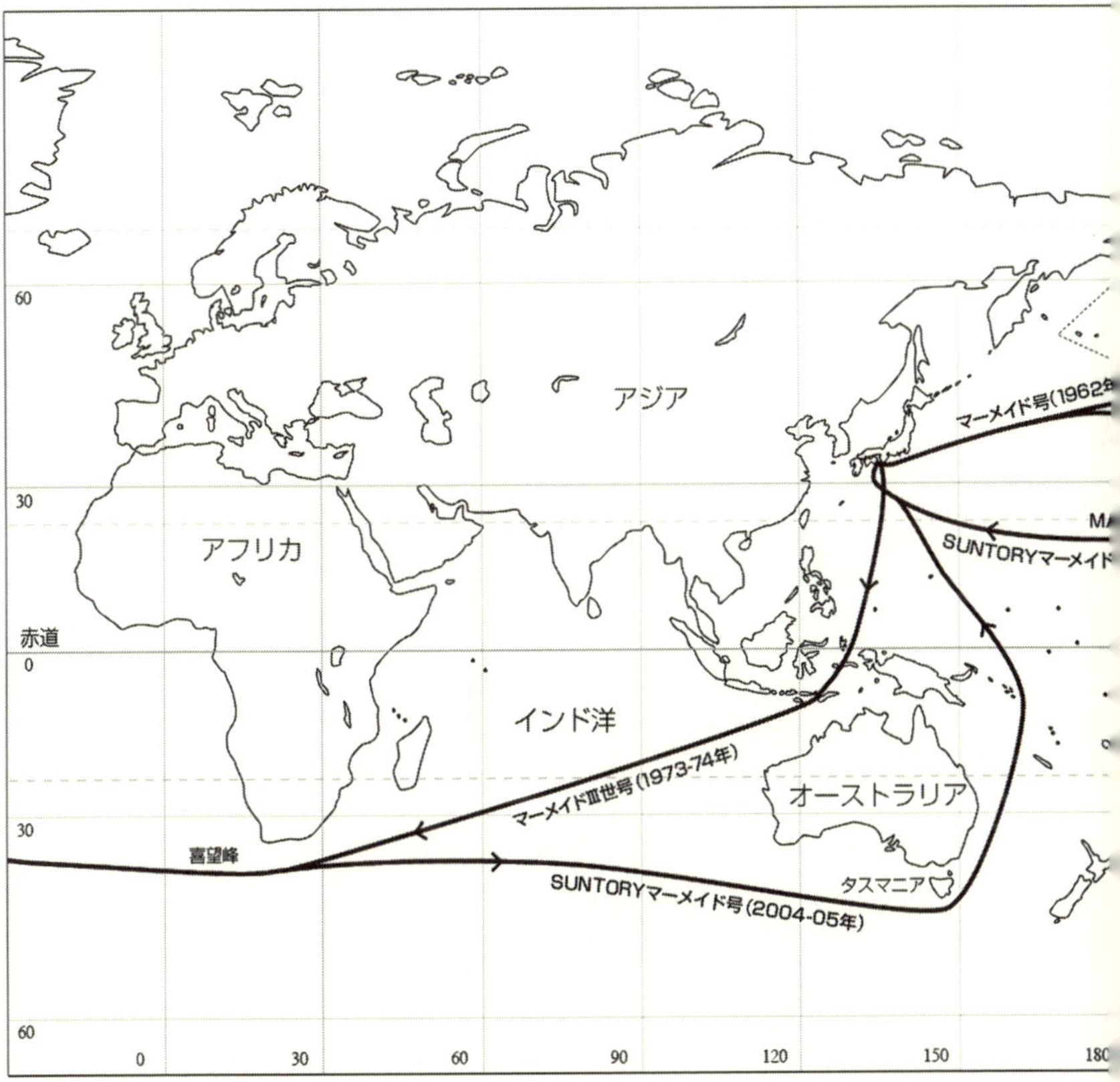

60
30
赤道
0
30
60
0
30
60
90
120
150
180
アジア
アフリカ
インド洋
オーストラリア
マーメイド号(1962年
MA
SUNTORYマーメイド
マーメイドⅢ世号(1973-74年)
喜望峰
SUNTORYマーメイド号(2004-05年)
タスマニア

著者……**土田憲**（どた・けん）

1942年島根県生まれ。64年（株）電通入社。宣伝技術局、クリエーティブ局で広告写真、TV-CMを手掛けた後PR局、プロジェクト・プロデュース局で数々のプロジェクトに携わる。2008年（株）電通退社。米PBS製作TV番組 Super Sub「I-400」のコーディネーション。現在、フリーランス・プロデューサーとして活動。横浜市在住。

受賞

1965年　準朝日広告賞

1975年　ＩＢＡ賞トロフィーウィナー「富士ゼロックス」

1977年　クリオ賞トロフィーウィナー「富士ゼロックス」

1998年　エクアドル共和国政府よりガラパゴス諸島バルトラ島の岬を「堀江謙一船長岬」、その沖合にある小島を「MALT'S マーメイド島」と命名される（海軍海洋研究所発行海図IOA20214）

2005年　チリ海軍のクルーとしてCape Horn 通過認証される

2008年　ハワイ・ヨットクラブ一日コモドアに任命される

装丁………佐々木正見

ＤＴＰ制作………勝澤節子

編集協力………藤森建二、古谷雅道
田中はるか、出川錬

波濤を越えて　堀江謙一をめぐる半世紀

発行日❖2012年7月20日　初版第1刷

著者

土田憲

発行者

杉山尚次

発行所

株式会社言視舎

東京都千代田区富士見2-2-2 〒102-0071

電話03-3234-5997　FAX 03-3234-5957

http://www.s-pn.jp/

印刷・製本

㈱厚徳社

ISBN978-4-905369-38-7 C0036